# Le Western

Clélia Cohen

Collection dirigée par Joël Magny

CAHIERS DU CINÉMA | les petits Cahiers | SCÉRÉN-CNDP

« Il était neuf heures du soir, une nuit de juillet, et des figurants s'attardaient encore dans le drugstore en face du studio – je les voyais à l'intérieur, penchés sur les billards électriques – pendant que je rangeais mon automobile. Le "vieux" Johnny Swanson était planté au coin du bâtiment, avec son costume semi-cowboy, le regard perdu au-delà de la lune. Il avait eu jadis dans le cinéma un nom aussi connu que Tom Mix, ou Bill Hart ; c'était trop triste maintenant de parler avec lui, et je me hâtai de traverser la rue et de franchir le grand portail. »

Francis Scott Fitzgerald, *Le Dernier Nabab.*

# Ouverture

« *L'Amérique n'a donné naissance qu'à deux formes d'art spécifiques : le jazz et le western* », a coutume de dire Clint Eastwood. Qu'on prononce seulement le mot « western » et alors se bousculent déjà à l'esprit des multitudes d'images qu'on croit connues par cœur : un cavalier dans le paysage, parfois deux, ou plus, une diligence, un régiment de cavalerie, un Indien, des Indiens, Cheyennes, Sioux, Navajos... Certains poursuivent, d'autres sont poursuivis, des détonations claquent, des balles sifflent. De belles pionnières, restées seules sur le perron de bois d'une maison isolée, menacée, font signe au loin à celui qui part ou revient pour longtemps. Leurs jupes flottent au vent. Les portes battantes s'ouvrent sur le saloon, on croise dans les rues de la ville juges, hors-la-loi, institutrices, journalistes, médecins, prostituées. Deux hommes, ou groupes d'hommes, se font face, les mains à distance calculée de l'étui du colt. Autour d'eux, les paysages défilent, une ferme, une colline, un corral, il fait nuit ou soleil brûlant.

Mais plus on énumère, plus on appauvrit, car le western, à s'y pencher de plus près, accueille en son cadre toutes les histoires. Quel rapport entre *L'Or et l'amour*, western de boudoir de Jacques Tourneur, et *La Prisonnière du désert*, western-western de John Ford, sortis la même année ? Rien, sinon un esprit perdu, celui du XVIII^e^ siècle, et une tendance à regarder vers l'Ouest, seules limites que le genre daigne s'imposer à lui-même. Point d'exhaustivité possible donc, et la seule visée avouée de ce livre est de poser quelques bases, de lancer quelques pistes, surtout d'attiser la curiosité d'aller y voir *par soi-même* tous ces faux clichés se recomposer chaque fois de manière inédite. Silhouettes, gestuelles familières, situations sans fin renouvelées, tel est le grand plaisir d'un genre, avec une constante, peut-être, en ce qui concerne celui-là : la première légende du western est ce que découpe l'image de cinéma, s'avancer en chevauchant au milieu de la terre et du ciel en même temps. Sinon, pour le reste, comme le dit Pernell Roberts à Randolph Scott à la fin de *La Chevauchée de la vengeance* : « *On s'attend à quelque chose parfois, et on est surpris qu'il arrive autre chose.* »

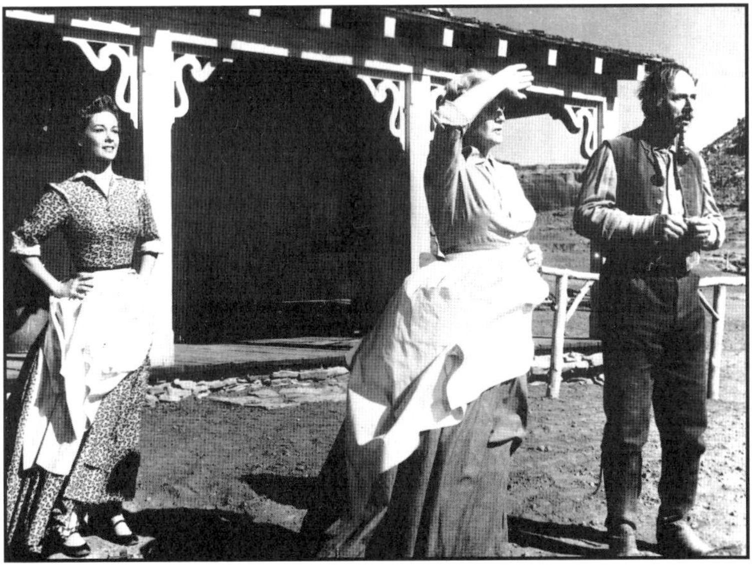

Une image de *La Prisonnière du désert*, de John Ford : le regard vers le lointain comme regard premier du western.

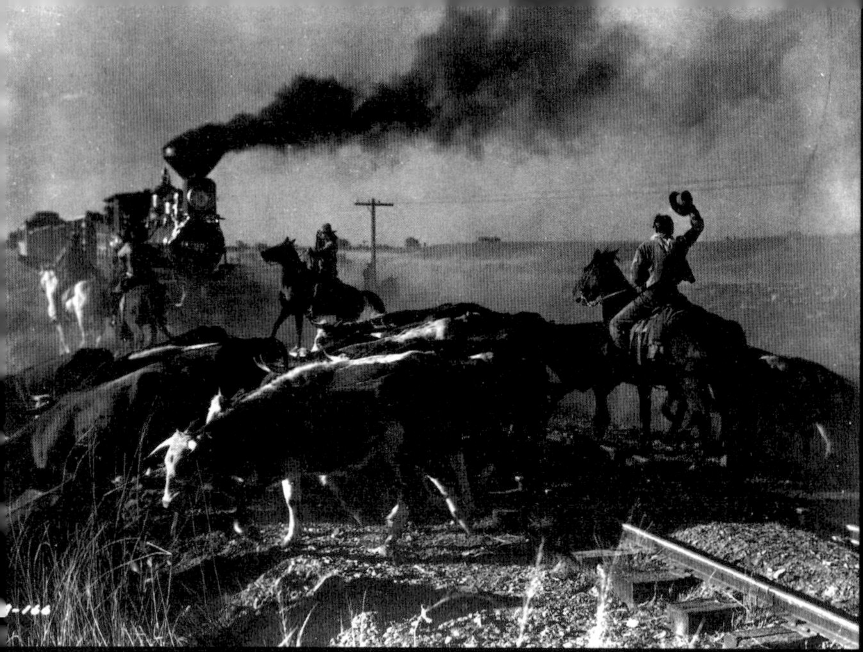

Deux âges de l'Histoire se regardent : inéluctable avancée de la civilisation face à l'ère du cowboy. Bientôt, ce dernier sera contraint de s'effacer, et l'Ouest de faire place à l'Amérique. (Photo : *La Rivière rouge*, de Howard Hawks.)

# Première partie

## Chapitre 1

# « Le cinéma américain par excellence »

En 1953, à un moment où la critique bon teint considère encore le western comme un divertissement pétaradant et saturé de cris d'Indiens, paraît en France un ouvrage signé André Bazin et Jean-Louis Rieupeyrout : *Le Western ou le cinéma américain par excellence*[1]. Si la formule semble, encore aujourd'hui, malgré les mutations puis l'extrême raréfaction du genre au cours des trente dernières années, à la fois si péremptoire et si lumineuse, c'est qu'elle se prête volontiers au jeu des recompositions et des réappropriations.

### Américain

Nation d'une jeunesse insolente au regard du Vieux Continent, les États-Unis n'ont, à la naissance du cinéma en 1895, *grosso modo* qu'un siècle d'histoire. Ils ont déjà

1. Éd. du Cerf, Paris, 1953.

connu une Révolution (1776 : Déclaration d'Indépendance des Treize Colonies), une Sécession (1861-1865 : *Civil War*), ils ont aboli l'esclavage, et anéanti presque totalement les cultures autochtones (1865-1890 : Guerres indiennes) dans leur course rageuse, violente et exaltée vers l'Ouest. Car, dès le début du XIXe siècle, la promesse de ressources inépuisables, le fantasme d'un « paradis des fermiers » au-delà du Mississipi motive un désir d'exploration du Far West. Le Président Thomas Jefferson envoie les « grands capitaines » Lewis et Clark en expédition, et le rapport de leurs deux années de périple s'apparentera, déjà, plus à un récit de voyage aventureux qu'à un exposé froidement administratif. Les grandes plaines intérieures deviennent l'objet de tous les rêves, de tous les défis, de toutes les folies, à commencer par celle de l'or lorsqu'en 1849, le précieux métal est découvert en Californie et attire les pionniers. Si certaines villes prospèrent ainsi, d'autres ne survivent pas à l'épuisement des filons et deviennent ces villes-fantômes qui offriront à certains westerns le décor désolé ultime (*L'Homme de l'Ouest*, Anthony Mann).

L'Ouest devenant une région agricole en pleine expansion, s'y côtoient pendant un temps fermiers et éleveurs de bétail. Ceux-ci, à la tête de ranches immenses, emploient des vachers pour conduire les troupeaux vers les grandes villes où ils seront vendus, comme dans *Red River*, de Howard Hawks : le cowboy est né. Mais certains éleveurs ont la folie des grandeurs et n'admettent pas que l'immensité soit appelée à se morceler, grignotée par le peuplement. Bientôt, *farmers* et cowboys s'opposeront violemment, les premiers posant les clôtures

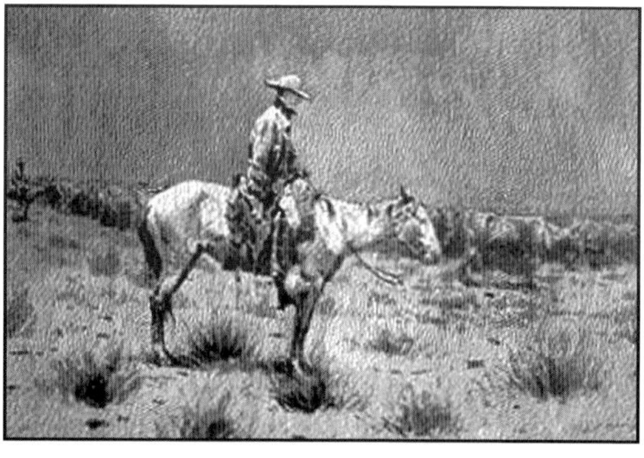

Frederic Remington, *Transhumance*, ou comment une figure devient icône.

qui empêcheront les seconds de faire paître librement leur troupeau. On retrouve cette problématique au cœur de nombreux westerns (*L'Homme qui n'a pas d'étoile,* de King Vidor, *Tumbleweeds,* de King Baggot), elle pose un jalon du mythe : le cowboy dénaturé, chassé par l'avancée des pionniers.

Indissociable de la Conquête de l'Ouest, la construction du chemin de fer transcontinental fait peu à peu disparaître l'ère des pistes (celles de Santa Fe ou de l'Oregon) et des liaisons par diligence lorsque les équipes de l'Union Pacific et celles du Central Pacific se retrouvent en Utah, joignant l'Est à l'Ouest.

Bien évidemment, cette expansion tous azimuts se fera aux dépens des tribus indiennes présentes depuis des générations dans les Grandes Plaines et le Sud Ouest : Sioux, Cheyennes, Apaches, Navajos, Nez-Percés, etc. Les accords garantissant l'intégrité de leurs droits aux Indiens sont bien vite violés, et une série de guerres verra s'affronter les tribus à l'armée fédérale libérée par la fin de la guerre de Sécession, ainsi que les représailles qui s'ensuivent : attaques par les Indiens de diligences, fermes, convois de pionniers ou de bétail… Le dernier de ces épisodes sanglants est le massacre d'un groupe de Sioux à Wounded Knee en 1890, qui marque la fin de la résistance indienne armée.

1890 est également le moment où le Bureau de recensement déclare la fin de la « Frontière », ce concept unique décrivant le front pionnier qui se déplace vers l'Ouest au fur et à mesure de l'installation des colons. Le jeune historien Frederick Jackson Turner, lors de son célébrissime discours *The Significance of Frontier in American History*[1], relit l'histoire des États-Unis à la lumière de cette notion, livre aux Américains l'explication d'eux-mêmes, romantique, nationaliste et exceptionnaliste qu'ils attendaient, leur donne la clé de leur identité propre, fondée sur la confrontation entre l'individu et l'environnement, la civilisation et l'état sauvage, et fait de la Frontière le mythe fondateur

1. Frederick J. Turner, *La Frontière dans l'Histoire des États-Unis*, éd. P.U.F., Paris, 1963.

de la démocratie américaine, « née dans la forêt ». Nous sommes en 1893.
La Frontière a cessé d'exister, l'esprit américain est né ; le cinéma arrive.

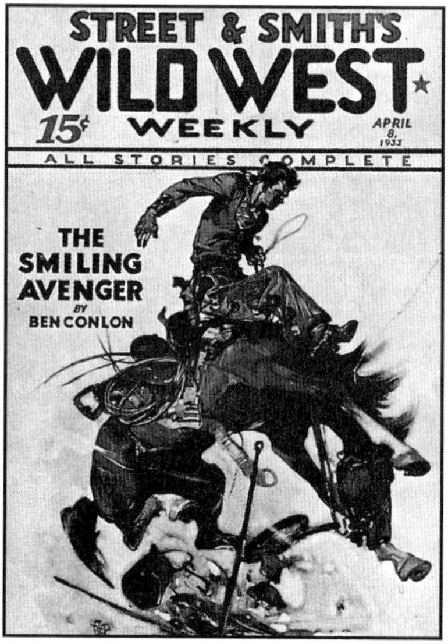

Une couverture de *pulp magazine*.

Mais l'Ouest n'avait pas attendu le voile romantique jeté par Turner pour produire de l'imaginaire, et de l'imagerie. Tout un folklore s'était élaboré au cours du siècle autour de ce monde nouveau, fantasmé avant d'être conquis. D'abord, l'écrit : des romans de James Fenimore Cooper (*Les Pionniers, La Prairie, Le Dernier des Mohicans*) à la littérature bon marché des *dime novels* (romans à quatre sous) ; des feuilletons des *pulp magazines* (magazines populaires) aux brochures publicitaires invitant les immigrants potentiels à venir goûter cette terre riche et fertile, présentée comme une nouvelle Terre Promise où chacun est libre de repartir de zéro. Sans oublier les récits de voyage (de l'écrivain Washington Irving ou de l'historien Francis Parkman), très en vogue au début du XIXe siècle, empreints d'exotisme, tout comme les peintures que Roger Tailleur qualifie de « *pré-western* », tant elles sont encore pleines de la rêverie d'un Eden, où une nature d'« *avant le temps*[2] » à perte de vue s'étendrait entre beauté virginale et animalité paisible : ce sont les toiles des années 1830 de Charles Bodmer, Alfred Jacob Miller, ou George Catlin.
On doit à ce dernier, fasciné par les Indiens, un catalogue considérable de

2. Roger Tailleur, « L'Ouest et ses miroirs », in *Le Western*, éd. Gallimard, coll. "Tel", Paris, 1993.

coiffes, costumes, maquillages *avant qu'il ne soit trop tard*, comme en témoigne ce *Pigeon's Egg Head Going and Returning from Washington* qui voit, d'un côté le chef indien vêtu de son costume traditionnel, et de l'autre, lui tournant le dos de manière significative, le même, vêtu à l'européenne, chapeau haut-de-forme, gants blancs, parapluie et éventail.

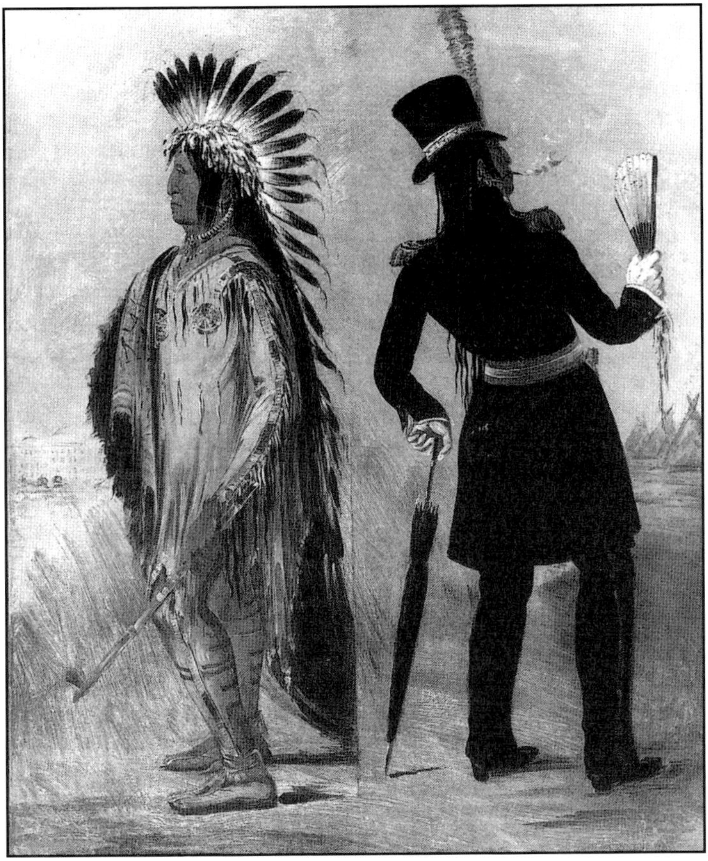

George Catlin, *Pigeon's Egg Head Going and Returning from Washington*, presque un fondu enchaîné : l'âge primitif de l'Ouest en train de disparaître.

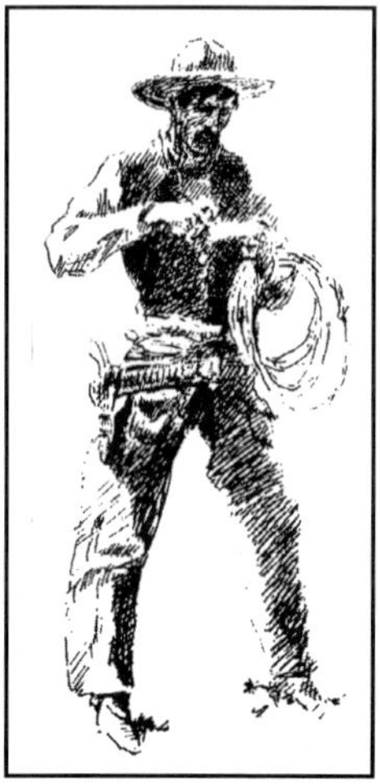

Charles M. Russell, dessin pour *Le Virginien*, le roman de Owen Wister : la posture, le chapeau, le lasso, le colt, les éperons, autant de signes mythifiés par le trait de l'esquisse.

À l'autre bout du siècle, d'autres peintres continuent d'explorer les possibilités picturales de la vie dans l'Ouest : Charles M. Russell, surnommé l'« Indien blanc », qui avait vécu parmi les Indiens, puis mené une vie de cowboy dans le Montana, peint les uns comme les autres avec une exigence documentaire. Mais « *la création du mythe va de pair avec une précision "maniaque", archéologique*[3] », et c'est ainsi qu'un cowboy qui roule une cigarette, illustration de Russell pour une édition de l'emblématique roman *Le Virginien*, d'Owen Wister (1903), devient ce geste d'une simplicité quotidienne qui fera la légende, avant d'alimenter de célèbres campagnes publicitaires.

Frederic Remington, peintre et illustrateur très prolifique, est celui qui « annonce » le plus le cinéma, et de nombreux cinéastes ont reconnu son influence, à commencer par John Ford qui disait avoir tenté, dans *La Charge héroïque*, de reproduire « *sa couleur et son mouvement* ». Les toiles de Remington sont déjà des scènes (un bivouac de cowboys au coin du feu, une charge d'Indiens ou de cavalerie), l'énergie qui traverse ses cavalcades colorées surprend les chevaux en pleine action, leurs sabots touchent rarement terre.

Alors que les *dime novels* du XIX^e^ siècle privilégiaient les personnages de trappeurs, de *mountain men*, la figure du cowboy commence à investir la littérature américaine du début du XX^e^ siècle, avec des œuvres d'Owen Wister ou d'Eugene Manlove Rhodes, de Max Brand ou de Zane Grey ; d'innombrables feuilletons de magazines suivront qui achèveront d'ériger

3. Jean-Louis Leutrat, *Le Western*, éd. Découvertes-Gallimard, Paris, 1995.

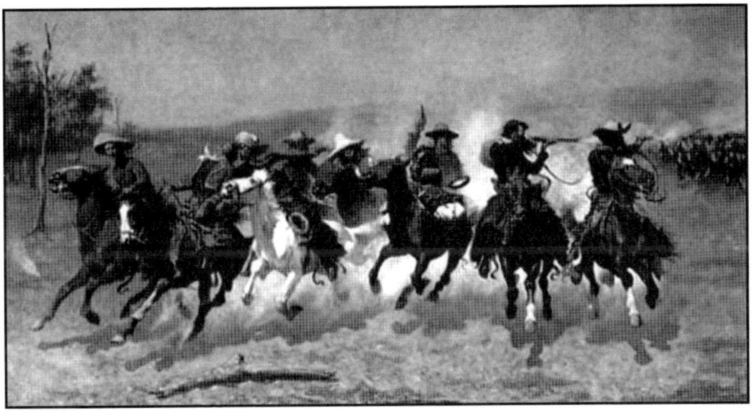

Frederic Remington, *A Dash for Timber* (*Ruée vers le bois*) : dynamisme, vitesse, ivresse de la chevauchée, la peinture n'en finit pas de préparer le *terrain* au cinéma.

cette silhouette particulière en symbole de l'Ouest, première d'une longue série de distorsions de la réalité.

Ainsi, le mythe était né en direct, sur les talons de l'exploration et de la Conquête, sans distance. Pour preuve, ce brigand bien-aimé, Billy The Kid, déjà figure légendaire lorsqu'il fut tué à 21 ans, tant ses méfaits avaient alimenté la presse, alors en pleine expansion. Ou encore, ce Colonel William Cody, plus connu sous le nom de Buffalo Bill, héros de feuilletons de son vivant, prompt à transformer sa vie en spectacle : le célèbre *Wild West Show*, qui voit le jour en 1883, dans lequel il met en scène des épisodes de la vie de l'Ouest choisis pour leur valeur dramatique (attaque de convoi, de diligence...), des acrobaties de cowboys (ancêtres du rodéo), des reconstitutions historiques (le denier combat de Custer)... Son spectacle est itinérant, comme un cirque, et les gestes qu'il a choisi de recueillir se propagent jusqu'en Europe, comme une traînée de poudre...

Gigantesque creuset à héros, à images et à fictions, passé au travers des nombreux filtres de la représentation, c'est un Ouest déjà « *synthétique*[4] », pour reprendre l'expression de Jean-Louis Leutrat, qui s'offre au cinéma naissant.

4. Jean-Louis Leutrat, *Le Western, Archéologie d'un genre*, éd. P.U.L., Lyon, 1987.

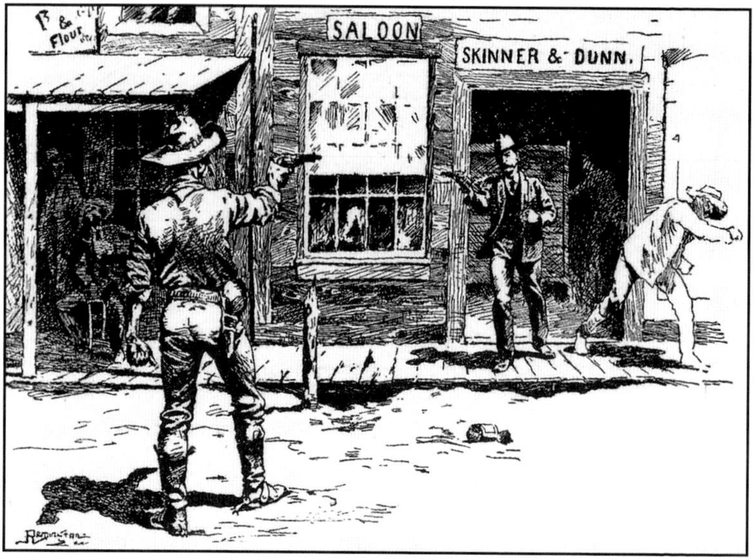


Frederic Remington, *A Fight in the Street* (*Un duel en pleine rue*) : un homme de dos, l'autre de face, les deux armes bien en évidence tendues l'une vers l'autre. La scénographie est toute tracée dans ce « plan » que l'on retrouvera souvent.

## Cinéma

La Conquête de l'Ouest *est* un mouvement, le terme *western* une direction. Promesses cinégéniques infinies… Avancer, convoyer, chevaucher, s'établir même, en gardant toujours à l'esprit que tout cela chemine au sein d'une Géographie bien particulière. Leslie Fiedler écrit : « *On a trop rarement souligné à quel point, en Amérique, la géographie est mythologique*[5]. » Histoire et Géographie se superposent, la première ne pouvant s'écrire sans que la seconde défile devant elle. Et alors, c'est tout l'Espace qui se découvre.

D'abord son ampleur, au programme spectaculaire de nombreux titres de films (*The Big Sky, Along the Great Divide, Across the Wide Missouri*…), et tout ce

5. Leslie Fiedler, *Le Retour du Peau-Rouge*, éd. du Seuil, Paris, 1971.

qui peut le traverser, y couler : *Northwest Passage, Canyon Passage, Bend of the River, Drums along the Mohawk* ; ce qu'on peut y faire (*Ride the High Country*), ce qu'on peut en craindre (*Call of the Wild*), ce qu'on peut y être, homme des plaines (*The Plainsman*) ou de l'Ouest (*The Westerner*) ; ce que la distance, enfin, peut faire entrevoir de rêve (*The Far Country, Far Horizons*).

« *La carte, carte postale ou carte de géographie, vient avant le territoire. La carte vient avant l'image de cinéma*[6]. » L'univers du western est parcouru de termes topographiques, aux sonorités mythiques dans leur précision : rios, déserts, canyons, sierras, creeks... L'origine géographique d'un personnage est, la plupart du temps, ce qui le constitue. Son nom ne suffit pas, il faut dire d'où il vient et alors seulement on le reconnaîtra. Voir les premiers échanges entre James Stewart et Arthur Kennedy au début des *Affameurs* d'Anthony Mann : « *Tu es Glyn McLyntock, du Missouri ?* », puis, quelques minutes plus tard, « *Et toi, Emerson Cole, du Kansas ? – Oui.* » Idem pour le personnage de John Ireland dans *Red River* : Cherry Valance of Valverde. C'est qu'il faut ce voyage-là à une réputation de tireur d'élite pour se faire.

L'Espace, ainsi, est quadrillé de pistes, individuelles pour le cowboy sans attaches ou collectives pour le convoi de pionniers (ces longues processions de chariots bâchés qui tracent des lignes mouvantes dans le paysage), les deux se côtoyant parfois, les premiers protégeant les seconds le temps d'un voyage. Ces trajectoires diverses s'inscrivent dans des territoires à échelles variables : un État, un comté, la vaste propriété d'un éleveur, une minuscule ville offerte à tous les vents, une simple rue, comme dans *Rio Bravo*. Dans tous les cas, les premières préoccupations de cinéma seront de faire arpenter un territoire au(x) personnage(s).

« *La morale et le spectacle du western ne sont pas des données spontanées, ils ne sont naturels que parce qu'ils obéissent à une théorie de la nature. Le western décrit un*

6. Serge Daney, *Persévérance*, éd. P.O.L, Paris, 1994.

*jardin du monde, un espace découpé et organisé par le cadrage*[7]. » La géographie, cadrée, c'est le paysage ; en noir et blanc d'abord, puis en couleurs, il offre aux cinéastes inspirés la pureté de ses lignes, la découpe de ses montagnes, la variété de ses ciels limpides ou crénelés de nuages. Il dicte aux westerns leur dominante. Comme Peau d'Âne a sa robe couleur de Lune ou de Temps, il y aura des westerns bleu-vert, dans la Prairie (*Au-delà du Missouri*, *La Colline des Potences*, *La Reine de la prairie*) ; des westerns ocre, dans le désert (les films de Ford dans Monument Valley, *La Chevauchée de la vengeance* ou *The Tall T* de Budd Boetticher) : des westerns blancs, dans la neige (*Je suis un aventurier*, *Jeremiah Johnson*). Parfois ils passeront d'une couleur à l'autre, signe du temps qui passe et du cycle des saisons et du voyage (*La Prisonnière du désert*), ou pour radicaliser leur discours : de la tendreté durement gagnée de la verte plaine à l'aridité du passé fantôme dans *L'Homme de l'Ouest*. Les couleurs de la nature sont une des dramaturgies du western.

La nature est le premier compagnon du héros de western, son unique repère. Un bon cowboy a une connaissance aiguë du *terrain*, il sait se diriger grâce aux étoiles et discerner les vrais cris d'oiseaux de ceux imités par les Indiens, en déduire leur nombre. Exemples parmi mille autres : Wayne et Brennan au début de *La Rivière rouge*, ou Randolph Scott et Karen Steele (une femme, ce qui est moins coutumier) dans *La Chevauchée de la vengeance*. Elle : « *Ils doivent être trois.* » Lui : « *Non, quatre.* » Le héros trouve en celui qui sait aussi un interlocuteur valable. Cette complicité s'apparente, selon Daney, à une forme de « *scoutisme* » : « *Dans* Rio Lobo, *on sait encore s'orienter en regardant de quel côté de l'arbre pousse la mousse*[8]. »

L'infinité générée par la géographie aux multiples facettes d'une Amérique à l'Histoire si pauvre se venge et se décline en un gisement de micro-histoires : pionniers, cowboys, Indiens, militaires, bandits, chercheurs d'or, établissement de la Loi, détournement de celle-ci… Et de trajets qui s'y rattachent : lieu de départ, lieu d'arrivée,

7. Louis Séguin, *Une critique dispersée*, Union Générale d'Éditions (coll. « 10/18 »), n° 1035, Paris, 1976.

8. Serge Daney, « Vieillesse du même », in *La Rampe*, Cahiers du cinéma/Gallimard, Paris, 1996.

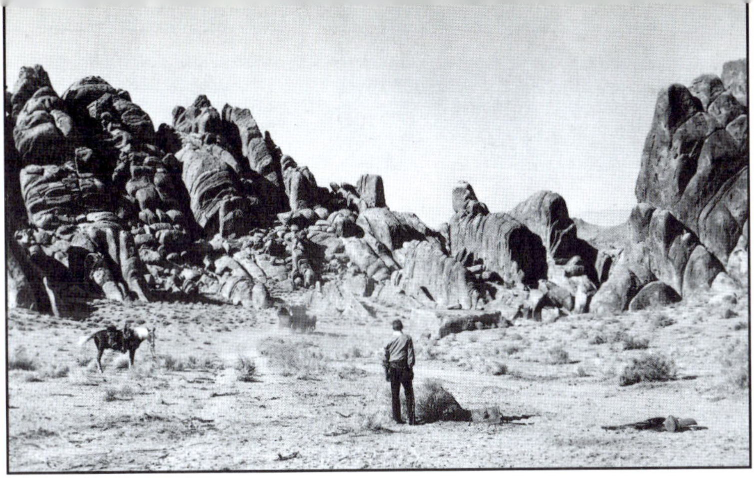

Dans *Sept Hommes à abattre*, de Budd Boetticher, Randolph Scott perdu dans la contemplation du premier partenaire de l'homme de l'Ouest et du héros de western : le paysage.

de l'un à l'autre (pionniers), chassés (Indiens), franchissements innombrables des Frontières de la carte, de la Loi ou de la morale. Souvent, la rencontre entre deux protagonistes se fera au détour d'une bagarre où l'un décidera d'aider l'autre type rendu sympathique simplement parce que la foule est contre lui. C'est alors qu'à deux, la lutte aisément remportée, ils pourront mener ensemble le film où il doit aller. Savoir choisir son camp aussi, c'est une question de géographie.

## Par excellence

On a l'action, on a le paysage : ne manquent plus que les visages et les corps. Qu'est-ce qu'un héros de western ? Sa figure, sa stature, sa dimension morale hantent aujourd'hui encore tout le cinéma, et au-delà, qu'il s'agisse de s'y mesurer ou de s'en démarquer. Il incarne le héros américain. Le western a inventé des gestes et Hollywood avait ce qu'il fallait pour les accomplir. Qu'est-ce qu'un héros de western ? C'est un acteur. Icône surpuissante, machine à fasciner et à désirer, dont la seule apparition à l'écran draine avec elle un univers, une filmographie, un *personnage*. Partons à la rencontre des trois plus grands.

## Gary Cooper

« *Ne joue pas les héros.* » C'est ce que lance l'inconsciente Grace Kelly à la tête de Gary Cooper au début du *Train sifflera trois fois*. Il n'écoutera pas l'injonction et cela lui vaudra un Oscar, pour ce film qui marque, en 1952 (avec *L'Homme des vallées perdues*, la même année), un tournant dans l'histoire du genre, ce que Bazin a appelé le « sur-western ».

Ce n'est pas le premier tournant pour Gary Cooper. Lorsqu'il avait triomphé dans *Le Virginien* de Victor Fleming (1929), ce jeune premier de vingt-huit ans avait aussitôt été perçu comme l'incarnation d'une nouvelle race d'acteurs, au jeu plus naturel. Non loin du naturel, il y a la pureté : la silhouette haute et athlétique de Cooper, l'impeccable régularité de ses traits, son regard clair autorisent une dualité. Il peut jouer l'ingénuité (le *M. Deeds* de Capra), à la limite de l'idiotie (le *Sergent York* de Hawks), aussi bien que la quintessence muette, de celles qui font autorité. Qu'on prononce son seul nom et nous parviennent dans un même élan tout Hollywood, tout le *star system*, la présence, en un mot l'*idée* de l'acteur américain. Alors que, comparé à John Wayne ou James Stewart, il a objectivement tourné moins de grands westerns, il traverse les mémoires cinéphiliques comme le cowboy parfait, et c'est en tant que tel qu'on le filme. Deux exemples.

1951, *Les Aventures du Capitaine Wyatt*, Raoul Walsh, western atypique, insulaire, paradisiaque. Pendant les longues premières minutes du film, on ne le voit pas. Avec deux personnages on part à sa rencontre,

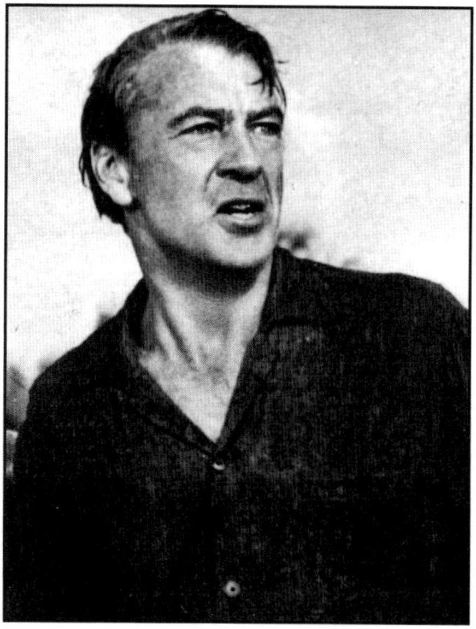

Gary Cooper dans *Les Aventures du Capitaine Wyatt*, de Raoul Walsh.

on questionne, on veut savoir, on attend. Il arrive. En cinq plans. Tous dans le même axe mais selon des échelles différentes, avec des faux-raccords dans le mouvement, ils n'en finissent pas de le regarder s'avancer vers nous, comme un disque rayé. Puis le dernier de ces plans, identique au premier, laisse dérouler le film. Ainsi distingué, pointé comme le héros, presque divinisé par la cascade d'images, Cooper peut réintégrer le paysage.

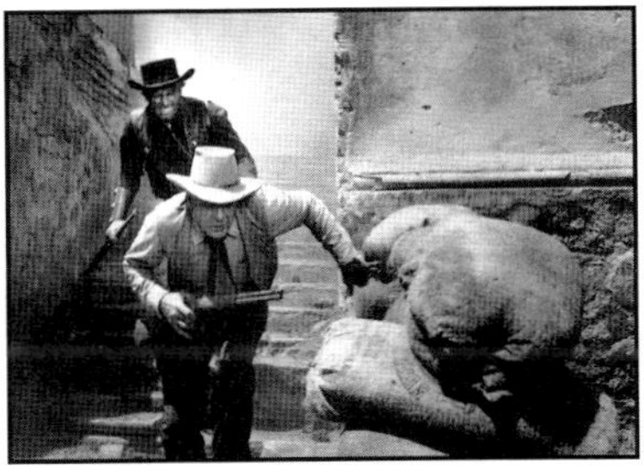

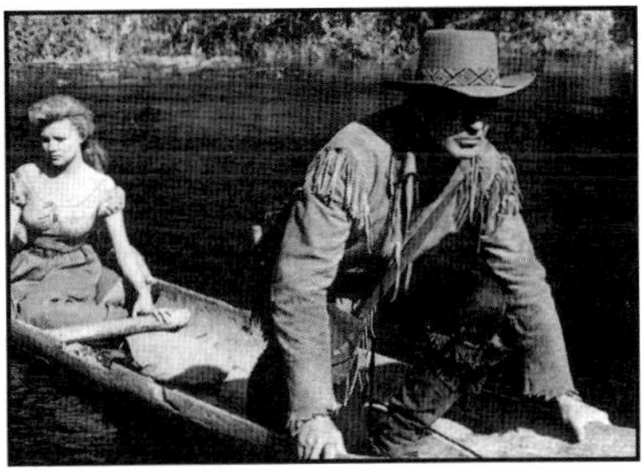

Dans *Vera Cruz* (en haut) ou *Wyatt* (en bas), l'impulsion avant la prise d'élan, une constante de l'art de Gary Cooper. Et aussi le chapeau, accessoire de l'impassibilité.

1958, *L'Homme de l'Ouest*, Anthony Mann. Aux premières images du générique, les mots du titre viennent s'apposer à côté de Gary Cooper assis sur son cheval, de profil. C'est une définition, presque une image publicitaire, à coup sûr un emblème : l'homme de l'Ouest ultime (le mot prend tout son sens quand on sait la tonalité crépusculaire de ce film-là), celui qui restera quand tout sera fini, c'est lui, c'est Gary Cooper.

La pureté, on la trouve aussi dans ses costumes de western : presque invariablement la veste en daim frangée de l'âge primitif de l'Ouest, celui des trappeurs, en tout cas toujours des teintes claires, lointain héritage du code vestimentaire des héros de westerns muets. Du muet aussi, de William S. Hart en particulier, Cooper tient son impassibilité qui ira grandissante. Gary Cooper n'a nul besoin des mots : pas une seule parole prononcée pendant le dernier quart d'heure du *Train sifflera trois fois*. Widmark de lui reprocher sa réserve au début du *Jardin du diable* (*« De toi je ne sais rien »*), et Walter Brennan, en Juge Roy Bean, de l'interroger dans *Le Cavalier du désert* : *« D'où venez-vous ? – De nulle part. – Où allez-vous ?*

– *Nulle part.* » Si Cooper parle peu, c'est parce qu'il agit et, surtout, parce qu'il est en mouvement. À l'instar des premières images, *Wyatt* n'est qu'une grande marche à travers les herbes hautes des marécages, Cooper en tête, toujours. Les dernières images de *Vera Cruz* le suspendent en pleine avancée. Sa jeune patiente aveugle de *La Colline des potences* remarque : « *Il doit être grand, il traverse la pièce en trois enjambées.* » Enfin, *Le Train sifflera trois fois* ne montre que cela : de dos, de profil, de face, le film est passé à le regarder aller et venir, faire du porte à porte pour solliciter une aide qu'il n'obtiendra pas dans une ville de plus en plus déserte, où ne reste plus à la fin que son visage en marche, littéralement, ce beau visage soucieux secoué par les impulsions de ses pas, allant au-devant du *gunfight* de sa vie.

De *The Westerner* (1940) à *Man of theWest* (1958), quel pas franchi en vingt ans par ce grand marcheur ? Le premier regarde où il va, le second regrette d'où il vient. Nulle part ?

## John Wayne

Dans *La Piste des géants* (1930), son premier film en vedette, John Wayne, jeune trappeur intrépide, veut surprendre une demoiselle. Il se rince la tête sous un jet d'eau, passe la main dans ses cheveux mouillés. Il est beau à couper le souffle. Mais le film est un échec, et Wayne relégué aux séries B de la firme Republic, aux rôles de

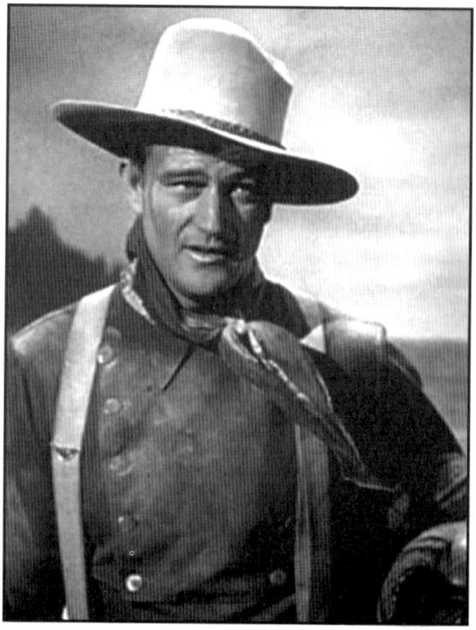

Naissance d'un héros : une des premières images de John Wayne dans *La Chevauchée fantastique*, de John Ford.

Avec Ricky Nelson dans *Rio Bravo*, de Howard Hawks : harmonie, synchronisme, dextérité, tout ce par quoi se reconnaissent entre eux les hommes de l'Ouest.

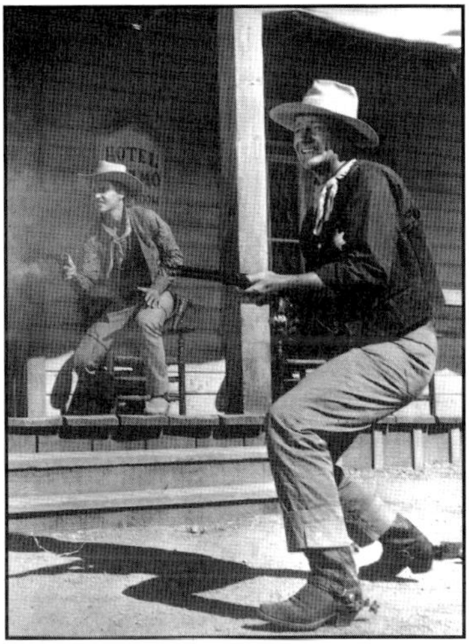

cowboys chantants. Bref il tombe dans l'oubli. Est-ce là que John Wayne décide qu'il ne sera plus jamais beau ?
1939 : dix ans ont passé. John Ford l'engage pour *La Chevauchée fantastique* et lui ménage un nouveau départ de prince : la première apparition de Ringo Kid, au bout de vingt minutes de film, est mise en scène de façon spectaculaire par un mouvement d'appareil qui se rapproche rapidement de l'acteur, au sein de ce film par ailleurs exempt d'effets voyants. Une sorte d'appel d'air par lequel Ford semble clamer haut et fort que celui qui se tient là sera désormais son acteur fétiche. Mais Wayne devra attendre presque dix ans encore avant de jouer dans un autre western de John Ford (*Fort Apache*, 1948), et que ne débute vraiment leur miraculeuse collaboration. Est-ce là que John Wayne décide qu'il ne sera plus jamais jeune ?
C'est donc à la quarantaine bien sonnée que Wayne devient celui que l'on connaît aujourd'hui, cette star du western qui se pose là, cette force de la nature au visage buriné et à la voix nasale et résonnante.
Ce double effet-retard des débuts a délivré pour toujours John Wayne de la peur de vieillir. *La Rivière rouge* est un film qui se déroule en deux temps distincts : accroupi auprès d'une vache, il suffit à Wayne de marquer un léger flottement, une vague douleur au moment de se relever pour rendre concrètes les dix années qui viennent de s'évanouir dans une ellipse. Et la délectation avec laquelle, officier de cavalerie à la veille de la retraite, il chausse ses lunettes à la fin de *La Charge héroïque* pour pouvoir lire l'inscription gravée sur son cadeau de départ – une montre…

Olivier Joyard écrit de lui dans *Iwo Jima*, un film de guerre d'Allan Dwan (1949) : « *Il est mince comme jamais, mais il marche comme il marchera dans* Rio Lobo, *vingt ans plus tard. Il est une ellipse de chair et de sang*[9]. » Ou l'acteur de la permanence, ce qui est la même chose. Cowboy tel qu'en lui-même, toujours identique, Joanne Dru dit dans *La Rivière rouge* de son personnage de *rancher* autoritaire qu'il est « *comme quelque chose qu'on ne peut pas bouger* », un meuble.

La vraie permanence est de savoir aussi s'effacer, comme devant l'avocat James Stewart quand on est John Wayne le cowboy, et qu'il faut bien se résoudre à la fin de l'Ouest, dans *L'Homme qui tua Liberty Valance* ; comme dans le nuage de poussière provoqué par les Indiens de Cochise à la fin de *Fort Apache* ; comme enfin à la dernière image de *La Prisonnière du désert*, lorsqu'il n'entre pas dans la maison et s'en retourne au désert, de dos, avec sa démarche si particulière. « *C'est presque une signature de Wayne, cette façon de marcher,* disait de lui son autre réalisateur d'élection, Howard Hawks. *Quand il était plus jeune, on aurait dit un chat qui s'éloigne, sur la pointe des pattes. J'aime le voir faire ça*[10]. »

Héros de terrain, le John Wayne de western fait tout pour éviter l'affrontement avec les Indiens qu'il connaît bien et qu'il respecte (*Fort Apache*, *La Charge héroïque*). Cowboy terrien, « *confortable* » même, comme le lui fait remarquer la jolie fille qui est venue se blottir contre lui pendant la nuit dans *Rio Lobo*, il a aussi l'agilité d'un chat. Hawks, encore lui, qui avait adoré le voir attraper un couteau ou un fusil au vol dans *La Rivière rouge*, lui fit refaire le même geste exactement dans *Rio Bravo*, lorsque Ricky Nelson sort sur le perron de l'hôtel et lui lance la carabine avec laquelle Wayne pivote immédiatement vers ses ennemis.

Immuable mais alerte, il sait faire volte-face au dernier moment, abandonner ses quêtes vengeresses de *La Rivière rouge* ou de *La Prisonnière*. Lorsqu'il tient à bout de bras celle qu'il avait quittée blanche et petite fille

9. Collectif, *Allan Dwan, La Légende de l'homme aux mille films*, éd. Cahiers du cinéma/Festival de Locarno, 2002.
10. Peter Bogdanovich, *Who the Devil Made it*, éd. Ballantine Books, New York, 1998.

pour la retrouver jeune femme et indienne, le temps de la rapprocher de son visage, il a abandonné le rictus de la haine pour le tendre « *Let's go home, Debbie* ». Il n'est qu'à l'observer couver du regard ses « ouailles » Dean Martin, Ricky Nelson et Walter Brennan dans *Rio Bravo*, John Wayne est le plus émouvant des cowboys.

## James Stewart

De prime abord, l'idée de voir James Stewart, héros naïf des films de Capra, chevaucher dans l'univers du western, put paraître un rien saugrenue. La Fox, prudente, retarda la sortie de *La Flèche brisée* de Delmer Daves, laissant le soin à Universal d'essuyer les plâtres avec *Winchester 73* d'Anthony Mann, tourné après. Et pourtant. Le cowboy selon Stewart et Mann est magnifique, tout comme les cinq westerns faits ensemble en cinq ans : Après *Winchester 73* en 1950, *Les Affameurs* (1951), *L'Appât* (1952), *Je suis un aventurier* (1953) et enfin *L'Homme de la plaine* en 1955. Stewart y promène sa silhouette de grand escogriffe et les bégaiements maladroits de sa voix éraillée, mais il manie le colt et la carabine, monte à cheval avec une aisance qui ne trompe pas. Il suffit de le voir, à la nuit tombée, placer le timon d'un chariot en direction de l'étoile Polaire afin de s'orienter facilement au petit matin pour comprendre que James Stewart est « passé à l'Ouest ». Loin de tout manichéisme, il compose un cowboy inédit qui, sans se départir de cette

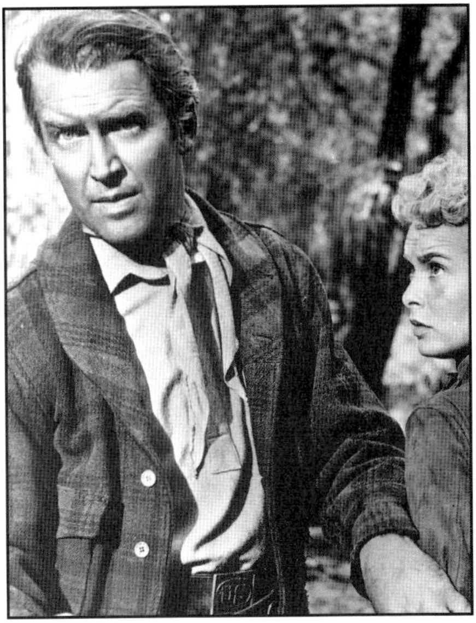

Le regard ombré par quelque tourment, James Stewart et Janet Leigh dans *L'Appât*, d'Anthony Mann.

douceur qui lui est propre, est aussi travaillé par le doute et la violence, capable d'accès de fureur. Dans *L'Appât*, il incarne la rage obsessionnelle d'un chasseur de primes aveuglé par la récompense promise, et il faudra toute la délicatesse de Janet Leigh pour le faire plier dans un baiser entrecoupé de ses sanglots à lui. Car ce héros a connu la brisure : elle a pu être morale (un passé de hors-la-loi), physique (un foulard qui dissimule le souvenir brûlant de la corde) ou sentimentale (la mort du frère dans *L'Homme de la plaine*, la trahison amoureuse dans *L'Appât*). Et il ne se ménage pas : ceinturé, tabassé, on lui tire dans la main, dans l'épaule, dans la jambe. Pas un western sans une blessure ou une infirmité, et une façon toute personnelle d'accuser le coup quand il en prend un. Le corps de Stewart se disloque sous l'impact des balles ou de la douleur. Voir comment il se casse en mille lorsque, blessé, il tente de récupérer son arme à terre face à Liberty Valance dans le film de John Ford.

Chez Mann, ce cowboy masochiste (dont Hitchcock se souviendra lorsqu'il le dirigera dans *Fenêtre sur cour* ou *Sueurs froides*) doit toujours affronter un double de lui-même : son propre frère dans *Winchester 73*, puis le personnage, par deux fois, d'Arthur Kennedy (*Les Affameurs*, *L'Homme de la plaine*), ou celui de Robert Ryan dans *L'Appât*. Il doit en passer par le piétinement de son propre fantôme pour se laver d'un passé qui le hante, et souvent cette bagarre à mort se termine dans les eaux agitées d'une rivière (*Les Affameurs*, *L'Appât*).

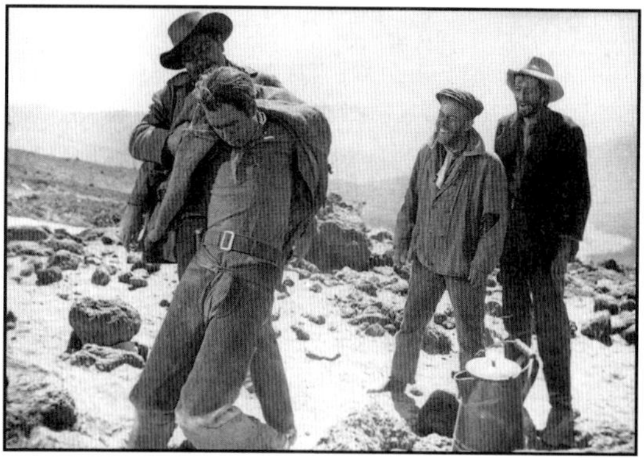

Dans *L'Homme de la plaine* (A. Mann), Stewart ou l'irrésistible attirance pour la désarticulation.

La deuxième période westernienne de Stewart a lieu

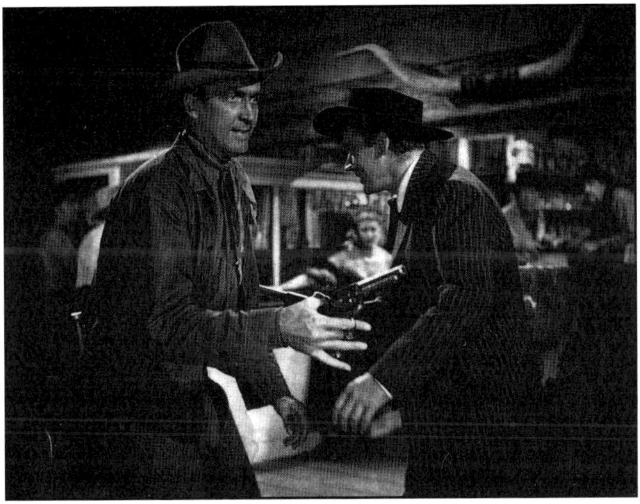

Symétrie parfaite qui à la fois rapproche et oppose Stewart et Arthur Kennedy, son double négatif, dans *Les Affameurs* (A. Mann). Ici, la complicité prime encore, mais il ne suffirait que d'une légère rotation dans l'axe pour que les deux hommes se retrouvent face à face.

chez Ford et là tout a changé. Ce sont les années soixante, l'heure des bilans et des relectures. Ford choisit James Stewart pour éclipser un John Wayne consentant dans *L'Homme qui tua Liberty Valance*. Dans *Les Deux cavaliers*, Stewart et Ford se délectent de son rôle de shérif vénal et nonchalant qui joue à choquer Richard Widmark. Enfin, lors d'une apparition dans *Les Cheyennes*, près de vingt ans après *La Poursuite infernale*, James Stewart reprend et détourne le rôle de Wyatt Earp auparavant tenu par son grand ami Henry Fonda. Joueur invétéré, bien décidé à ne pas se laisser distraire pendant une savoureuse partie de poker, il se retrouve aux côtés de son vieux complice Doc Holliday qui a pris les traits d'Arthur Kennedy, jadis le frère ennemi des cavalcades manniennes. Ensemble, ils ricanent à présent avec la désinvolture de ceux qui n'ont plus rien à prouver.

Gary Cooper ne tourna jamais avec Ford, ni John Wayne avec Mann, ni James Stewart avec Hawks. À ce curieux jeu de chaises musicales, Cooper celui qui marche, Wayne celui qui vieillit et Stewart celui qui souffre prouvent que l'histoire du genre s'écrit aussi sur des *coïncidences*.

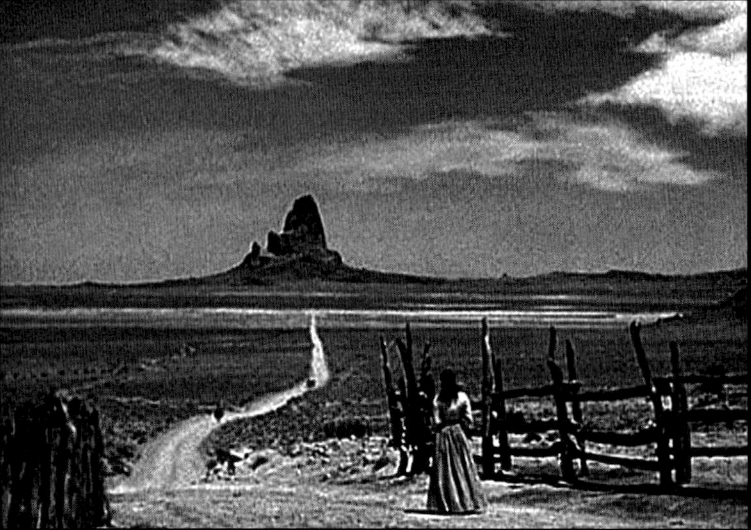

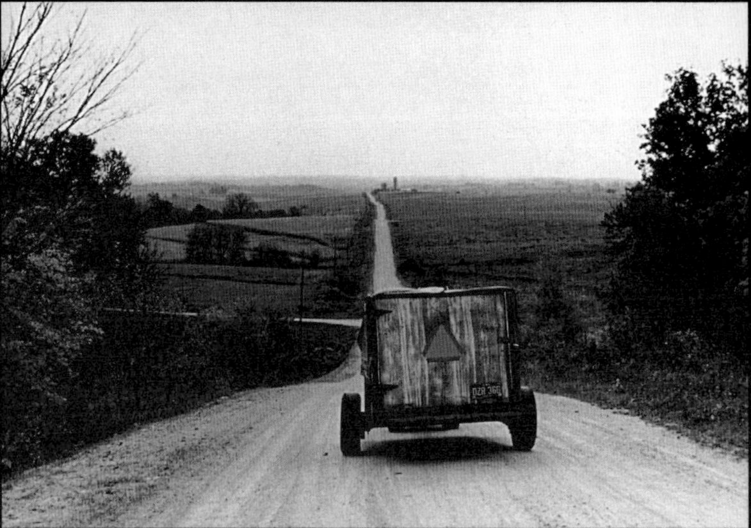

De *La Poursuite infernale* (John Ford, 1946) à *Une histoire vraie* (David Lynch, 1999), la route américaine se déroule et se perd au-delà du regard. Le western ouvre la voie à son descendant direct, le *road movie*. Voyage en Amérique.

# Chapitre 2

# Un siècle de westerns

## Du nom au son

Dès 1894, des scènes de la vie des cowboys et des Indiens sont enregistrées pour le kinétoscope dans des bandes d'une minute, trop courtes pour raconter une histoire. Il est généralement admis d'identifier *Le Vol du rapide* (*The Great Train Robbery*, 1903), de Edwin S. Porter comme la première œuvre de fiction du cinéma américain : c'est un western (célèbre pour le plan du bandit qui tire face à la caméra). Mais le nom n'existe pas encore. Il n'est qu'un adjectif qui vient affiner les classifications traditionnelles : on parle de *western melodramas, western comedies, western romances*... Jean-Louis Leutrat et Suzanne Liandrat-Guigues identifient une des premières occurrences du mot *western* comme substantif autour des années dix[1],

1. Jean-Louis Leutrat et Suzanne Liandrat-Guigues, *Les Cartes de l'Ouest*, éd. Armand Colin, Paris, 1990, p. 105.

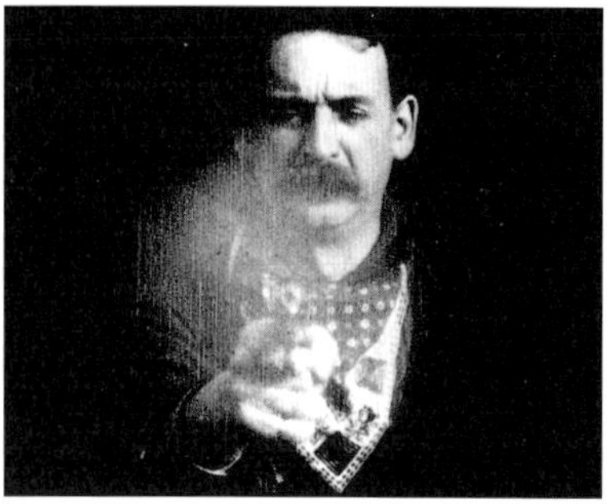

Ce célèbre plan du *Vol du rapide*, indépendant du reste de l'action, était placé soit au début soit à la fin du film, au gré des projections, mais faisant toujours sensation.

mais il ne s'impose qu'au cours des années vingt. Les premières *western stories* sont tournées dans les paysages de l'Est, mais peu à peu la promesse d'ensoleillement durable et de paysages adéquats attirent les compagnies en Californie : la Selig, la Bison s'y installent, ainsi que la Essanay, société de production co-fondée par Gilbert M. Anderson, acteur dans *Le Vol du rapide* puis, à partir de 1910, personnage principal de la série des *Broncho Billy* sous le nom de Broncho Billy Anderson, et première vedette du genre. Le cinéma a effectué sa « conquête de l'Ouest ».

David W. Griffith situe certains de ses films dans l'Ouest : *The Massacre* (1912), *The Battle at Elderbush Gulch* (1914). Thomas H. Ince installe la Bison dans un gigantesque ranch où il emploie des Indiens et d'authentiques cowboys pour ses productions : *Blazing the Trail* (1912), *Custer's Last Fight* (1912)... Dans le très inventif *The Girl of the Golden West* (1915), Cecil B. DeMille filme une séquence où un shérif est alerté de la présence du bandit qu'il recherche par des gouttes de sang qui coulent entre les lattes du plafond, trouvaille reprise par Howard Hawks dans une célèbre scène de *Rio Bravo*. En 1917, John Ford tourne son premier western : *The Straight Shooting*. Il y dirige Harry Carey (« Cheyenne Harry »), son acteur fétiche de ces années du muet, reconnaissable à sa façon très naturelle de se passer le pouce sur la lèvre supérieure. Ford expérimente déjà son art très sûr de l'espace et du cadre dans le cadre : des chevaux au galop dévalent une pente, vus à travers l'encadrement d'une porte, construction qui préfigure l'ouverture majestueuse de *La Prisonnière du désert* trente ans plus tard. Les cowboys font marcher un gramophone dans leur cabanon : on est encore à un âge du genre où les signes contemporains s'insèrent spontanément dans le quotidien du Far West.

L'acteur William S. Hart débute dans les productions Ince. Très préoccupé par la véracité de l'Ouest dépeinte dans ses films, il crée un personnage qui se répercute loin dans l'histoire du western : un héros mature et sobre (*The Silent Man*, 1917, titre caractéristique). Un *good badman* qui cherche la rédemption, d'une extrême délicatesse avec les femmes, mais redoutable lorsqu'il dégaine : des deux mains toujours, c'est sa griffe personnelle. Pas tant écartelé entre le *bad man* et l'humain que condamné aux deux, triste de ce qu'il est mais l'étant.

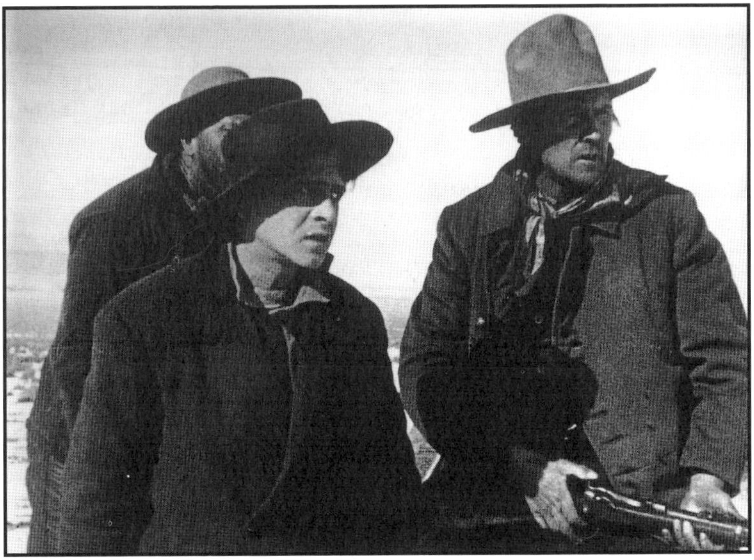

Architecture du groupe et des visages, toutes paires d'yeux fixant la ligne d'horizon : nous sommes chez John Ford (*Le Cheval de fer*).

À la veine mélodramatique de Hart succède dans les années vingt Tom Mix, héros merveilleux dans ses costumes blancs étincelants : là, les intrigues sont rondement rythmées à coups de cascades à dos de son cheval Tony et de pistolets virevoltants, dans des numéros proches du cirque et du rodéo.

571 films consacrés au Far West sont tournés entre 1925 et 1927, la plupart engloutis dans l'oubli et la mauvaise conservation des pellicules (il ne subsiste qu'une centaine de westerns parmi les 1895 distribués entre 1921 et 1929). On retiendra que, parallèlement à Tom Mix, la grande tendance est celle de l'épopée des pionniers, comme *La Caravane vers l'Ouest* de James Cruze (1923), la grande aventure du Transcontinental dans *Le Cheval de fer* (1924), la ruée vers l'or dans *Trois sublimes canailles* (1926), réalisés par John Ford. Ces films ont leurs passages obligés : traversée du fleuve spectaculaire par des convois ou des troupeaux, méchants vite identifiables (moustache, costume sombre, tics) aveuglés par l'appât du gain, jeunes pionnières convoitées, intermèdes burlesques. Ford, encore, se distingue par le dynamisme visuel de ses chevauchées, par le bébé oublié au milieu du

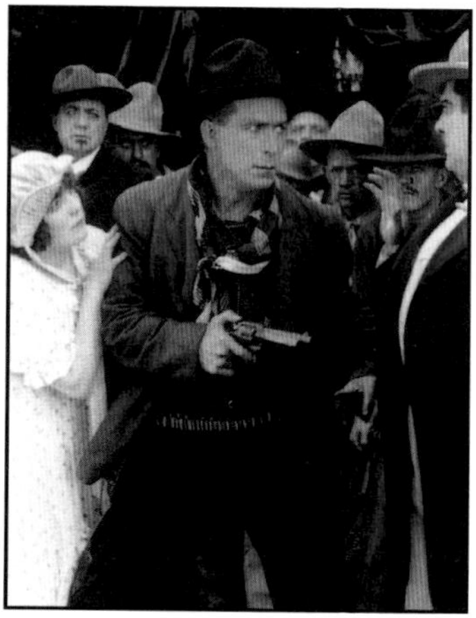

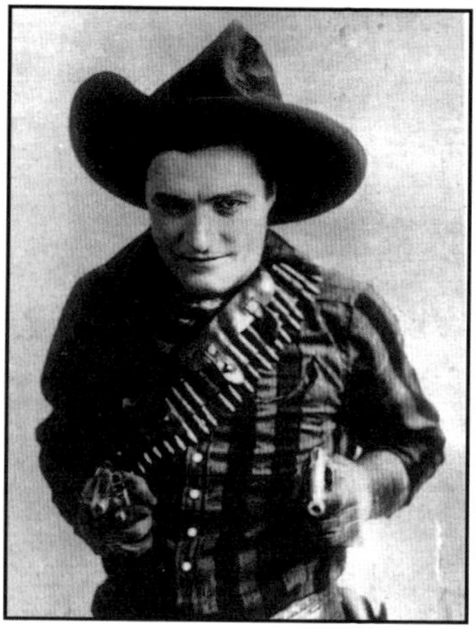

William S. Hart le tourmenté (en haut) et Tom Mix l'enchanté (en bas).

galop et de la poussière dans la ruée vers les concessions ; par, enfin, un personnage de jeune femme intrépide et volontaire très en avance sur son temps dans *Trois sublimes canailles*.

L'arrivée du son à la fin des années vingt déstabilise le genre. Les bruyantes caméras, enfermées dans de volumineux caissons, sont un obstacle à la mobilité des prises de vues. Les compagnies, qui veulent à tout prix exploiter le filon sonore, décident de faire chanter les cowboys, une mode qui s'étend sur toutes les années trente et consacre des interprètes comme Gene Autry ou Ken Maynard. Le reste de la production s'affaiblit : le conventionnel *Cimarron* (Wesley Ruggles, 1931) rafle trois Oscars.

En 1939, après plus d'une décennie d'absence au genre, John Ford réalise *La Chevauchée fantastique*, « *extrême limite d'un équilibre encore classique entre les règles primitives, l'intelligence du scénario et l'esthétisme de la forme*[2] ». La splendeur réinventée est pour demain.

## Les années quarante : l'âge adulte

Le western entre dans son âge d'or, les œuvres importantes se succèdent, les plus grands cinéastes d'Hollywood s'en emparent : Fritz Lang (*Western Union*), William Wellman (*Buffalo Bill* et le très sombre *Étrange Incident*, sur le lynchage), Jacques Tourneur (*Canyon Passage*)... John Ford tourne un nouveau chef-d'œuvre, *La Poursuite infernale* (1946).

L'Ouest arpenté est de plus en plus troublant, l'érotisme s'y invite (*Le Banni*, d'Howard Hughes) et les pulsions contradictoires torturent les personnages, comme John Wayne écartelé entre l'esprit de vengeance et l'amour filial qui le lie à Montgomery Clift dans *La Rivière rouge*, premier western de Howard Hawks (1948) ; comme Jennifer Jones, possédée par la passion sexuelle dans *Duel au soleil*, de King Vidor (1946) ; comme Robert Mitchum, incapable

2. André Bazin, « *Sept hommes à abattre* : un western exemplaire », *Cahiers du cinéma*, n° 74, août-septembre 1957 (cf. p. 68).

de se libérer des traumatismes de l'enfance dans *La Vallée de la peur*, de Raoul Walsh (1947).

## Raoul Walsh : vallées de la peur et filles du désert

Les genres commencent à se contaminer. *La Vallée de la peur* doit autant à la tragédie grecque qu'au film noir. Cas rêvé de psychanalyse, le personnage de Mitchum ne sait pas s'il doit aimer sa presque sœur, ni pourquoi il n'arrive pas à aimer tout à fait sa presque mère, ancienne maîtresse de son père et liée à ceux qui l'ont tué. Les personnages sont en proie à des obsessions dont ils ne parviennent pas à retrouver l'origine ; les images du chef opérateur James Wong Howe aux noirs très noirs et à la netteté tranchante les enserrent. Une mariée pourtant amoureuse se voit en meurtrière pendant sa nuit de noces, un petit garçon terrorisé caché sous une trappe fait l'expérience du fétichisme du souvenir (les images de l'assassinat du père hantent Mitchum devenu adulte). Les vallées du western sont parcourues de frissons fantastiques. Aux premiers plans du film, un cavalier chevauche au loin dans les rochers, archétypal. Surprise : il s'agit d'une femme. Le territoire du western commence à être apprivoisé par le féminin ; c'est le « territoire de Colorado ».

« *Ce sont les montagnes qui m'ont attirée ici* » est une des premières phrases prononcées par Colorado/Virginia Mayo dans *La Fille du désert* (*Colorado Territory* en anglais, 1949). La première fois qu'on la voit, elle est en train de se coiffer, tête baissée en avant. Elle se redresse dans un élan, comme Rita Hayworth dans *Gilda*, plante ses yeux dans ceux de Joel McCrea et ne les quittera plus, aimantée bien avant que lui-même ne se mette à la regarder. Elle soignera ses blessures en y faisant flamber de la poudre à canon, devinera ses fantômes passés en se justifiant simplement : « *Je suis une femme.* » Tout ce qui est sec, rapide et brûlant dans ce film sec, rapide et brûlant sur le poids du destin, vient de Colorado.

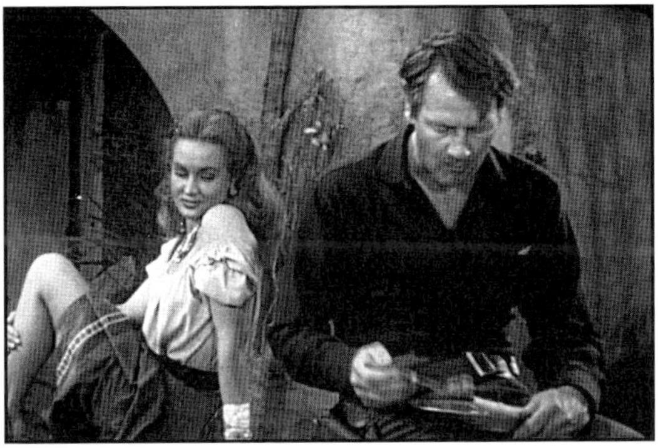

Virginia Mayo et Joel McCrea dans *La Fille du désert*: Colorado et Wes à la vie/à la mort.

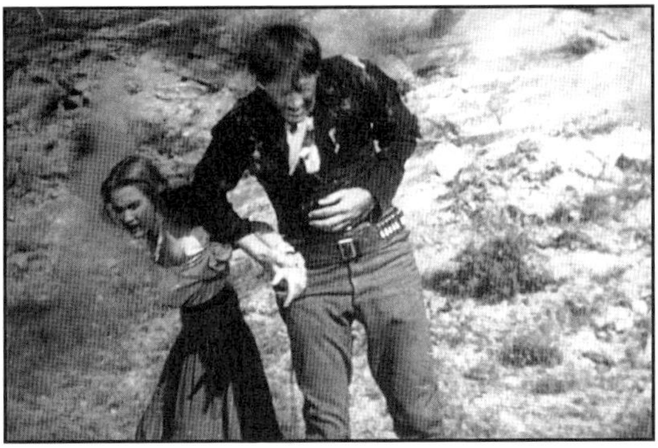

Walsh signe ici le remake d'un film noir qu'il avait tourné en 1941 avec Bogart et Ida Lupino (*High Sierra*), le personnage de Joel McCrea, bandit sur le retour entravé par un dernier *hold-up*, est très influencé par les figures du film policier, condamnées par la fatalité. Lui et Colorado sont aussi radieux lorsqu'ils sortent de l'église où ils n'ont pas pu se marier que lorsqu'ils s'écroulent, hoquetant ensemble, criblés de balles, leurs mains jointes dans le sable et les herbes sèches. Elle savait depuis le début qu'elle le protégerait jusqu'à la mort, il faut voir comme elle barre l'image de son bras armé, accroupie près de lui avant la fusillade, puis comme elle fait feu de ses deux colts sans s'arrêter pour défendre son territoire sacré. Exact envers de la fin de *Duel au soleil*, où c'est en tirant sur son amant que Pearl, une autre sang-mêlée, rampe vers celui qui l'achève en retour, l'un et l'autre s'avouant dans un baiser terreux qu'ils se sont aimés à se tuer.

Dans *Colorado Territory* comme dans *Duel au soleil*, l'amour des femmes passe par l'ascension mortelle d'une montagne accidentée. Deux tigresses (« *tiger cat* » est le surnom donné à Pearl par Gregory Peck) qui ouvrent, royales, la voie à toutes les Altar, toutes les Vienna, toutes les Feathers à venir, héroïnes de *L'Ange des maudits*, *Johnny Guitar* et *Rio Bravo*.

## John Ford : la trilogie de la cavalerie

Au tournant de la décennie, John Ford imagine une série de films sur le thème de la cavalerie : *Le Massacre de Fort Apache* (1948), *La Charge héroïque* (1949) et *Rio Grande* (1951). La vie au fort le fascine, et les trois films sont bien loin du récit de campagne, plutôt des chroniques à la fois précises et sans hiérarchie entre les bals, les dîners, les revues de régiment, les bagarres d'ivrognes, les chansons, les femmes ou filles

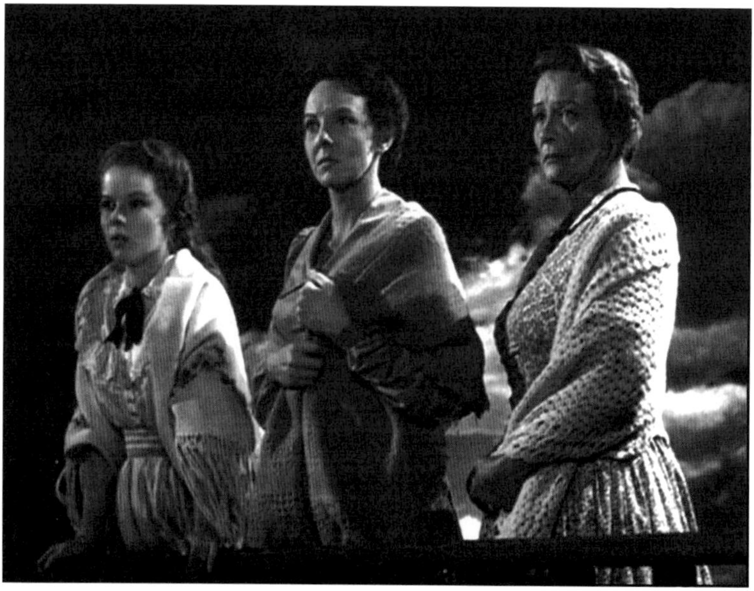

Mauvais présages dans *Le Massacre de Fort Apache*.

d'officiers, tous les petits événements militaires mais aussi sociaux qui ponctuent le quotidien de la cavalerie. Ford se délecte des rituels, du folklore, de l'allure des costumes, des airs du clairon, des ordres criés, presque scandés.

Le cinéaste, patriote qui ne s'en est jamais caché, développe néanmoins une vision loin du triomphalisme, et c'est ce qui rend notamment son œuvre si passionnante. Nul mieux que lui n'a su filmer le sombre visage des femmes au départ des hommes, ni le retour au fort du régiment dépité, défait. *La Charge héroïque*, au titre français absurde (*She Wore a Yellow Ribbon* en VO), est justement le récit d'une mission dérisoire (accompagner deux femmes à un relais de diligence) qui tourne en rond et échoue. Le Capitaine Nathan Brittles (John Wayne) est un militaire qui n'aime pas la guerre : il précise à ses hommes de veiller

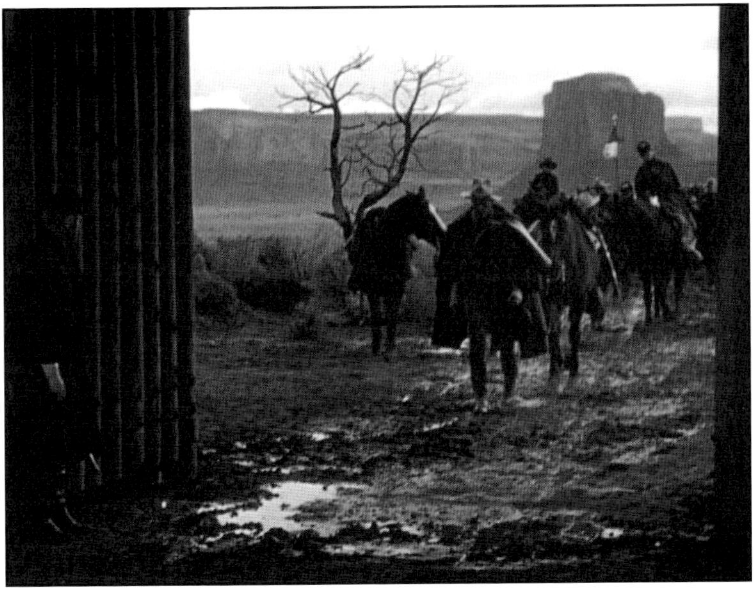

Retour au fort dans *La Charge héroïque*.

à tirer au-dessus des têtes des Indiens, puis évite l'affrontement final en faisant simplement évacuer les chevaux du village indien. *Rio Grande* retrace une mission de sauvetage de femmes et d'enfants. Seul *Fort Apache* contient une charge en bonne et due forme, mais elle est l'initiative hasardeuse et butée d'un officier arrogant (Henry Fonda), sous le regard catastrophé de celui, moins gradé (John Wayne), qui aura tenté, jusqu'au bout, d'empêcher le désastre. C'est la transposition fordienne à peine déguisée de l'épisode historique de Little Big Horn, qui vit le Général Custer mener ses hommes au massacre et devenir un héros national.

Ford a souvent dit que sa sympathie était du côté des Indiens, et les bons officiers de ses films sont ceux qui les respectent et les connaissent. John Wayne est, évidemment, de la partie les trois fois. Il porte le même nom (Kirby York) dans *Fort Apache* et *Rio Grande*, célibataire dans le premier, marié, un fils dans le second, il est veuf dans *La Charge héroïque*, qui commence à la nouvelle de la mort de Custer, épisode relaté dans *Fort Apache*. Film central chronologiquement, *La Charge héroïque* est aussi le joyau nostalgique en Technicolor sur lequel se referment les deux autres en noir et blanc.

La trilogie de la cavalerie est également une réflexion sur l'Histoire, déclinée chaque fois à des fins différentes, mais avec comme repère constant et physique la figure incarnée par Wayne. Dans *Rio Grande*, celui-ci se retrouve face à un jeune inconnu fraîchement débarqué de l'Académie : son fils. Après une entrevue avec lui, il se dirige vers l'endroit où le garçon se tenait, et compare sa taille avec l'empreinte imaginaire laissée par le jeune homme sur le mur. Il *prend la mesure* de sa descendance.

Dans *La Charge*, Wayne est le témoin amusé d'une ronde amoureuse entre deux soldats et une jeune femme qui, selon son propre aveu, lui rappelle son épouse défunte. Lors de ses visites régulières au petit cimetière où elle repose au milieu du désert, il fait même référence à une jalousie ancienne et dérisoire envers un autre officier : l'Histoire ne fait que se répéter, il en est le relais.

Un des derniers plans de *Fort Apache*, enfin, montre Wayne derrière une fenêtre, observant son régiment en marche qui se reflète en surimpression naturelle sur son torse, faisant de son corps le support tangible de ses hommes : il vient de taire devant les journalistes qui le questionnent, impatients de donner aux faits des accents légendaires, la folie de son supérieur mort. Le plan est une réponse littérale à la dernière image de *La Charge fantastique* de Raoul Walsh (1941), hagiographie d'un Custer excentrique mais héroïque (Errol Flynn), qui montrait un Général valeureux chevauchant, après sa mort, en surimpression sur le défilé des soldats. Chez Ford, le corps de métier est intact, mais l'Histoire est entachée.

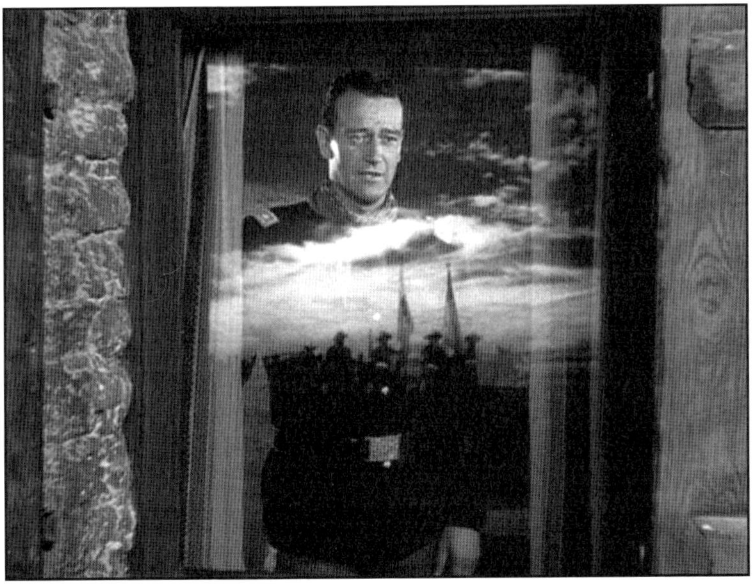

John Wayne à la fin du *Massacre de Fort Apache*.

## Flamboyantes années cinquante

Les grandes œuvres se déclinent en une liste infinie, l'originalité des thèmes abordés se déploient, les cinéastes se délectent des codes du genre pour inventer, approfondir, détourner : *L'Ange des maudits* (Lang), *Rivière sans retour* (Preminger), *Johnny Guitar* (Nicholas Ray), *La Prisonnière du désert* (Ford), *La Captive aux yeux clairs* (Hawks), les trois westerns de Tourneur avec McCrea, à la marge (*Stars in my Crown*) ou même « en chambre » (*L'Or et l'amour*), la série des Mann avec James Stewart, les réjouissants Allan Dwan : *Silver Lode*, *Le Mariage est pour demain*... Une nouvelle génération de réalisateurs arrive : Robert Aldrich (*Vera Cruz*, *Bronco Apache*), Budd Boetticher. Samuel Fuller filme Barbara Stanwyck en amazone chef de gang dans *Quarante tueurs* et envoie un Sudiste dégoûté par la défaite vivre chez les Sioux dans *Le Jugement des flèches*, œuvre fulgurante sur la haine de soi et la rencontre de l'autre, un film qui s'achève sur l'armée américaine en recul, contrainte de céder du terrain face aux Indiens, guerriers victorieux.

C'est aussi le moment où le genre devient trop conscient. De lui-même (*L'Homme des vallées perdues*, de George Stevens, a pour sujet la mythologie du western, idéalisée par les yeux d'un petit garçon), ou du monde (*Le Train sifflera trois fois*, parabole abstraite du maccarthysme). Un phénomène qu'André Bazin identifie en le critiquant comme le « *sur-western* », où « *la distillation laborieuse est une opération contre nature qui détruit ce qu'elle révèle*[3] ». En est-il fini de la pureté ?

### Budd Boetticher

Après être passé par le Mexique et la passion de la corrida, matador lui-même, l'aventurier Budd Boetticher arrive à Hollywood et réalise quelques films avant son premier western, *The Cimarron Kid* (*À feu et à sang*). De la tauromachie au western, quelle enjambée ? Pas si grande, si l'on en croit une des premières scènes de

3. André Bazin, « *Sept hommes à abattre* : un western exemplaire », *Cahiers du cinéma*, n° 74, août-septembre 1957 (cf. p. 68).

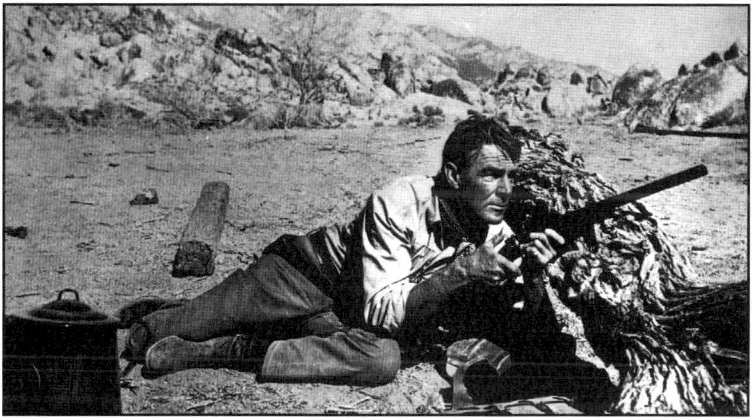

Le visage raviné de Randolph Scott se fond dans le paysage (*L'Homme de l'Arizona*).

*L'Homme de l'Arizona* où le personnage de Randolph Scott est mis au défi de dompter un bison sauvage dans l'arène du corral. La même volonté, en tout cas, de se mesurer à la nature. Le film fait partie d'une série de sept westerns que Boetticher tourne entre 1956 (*Sept Hommes à abattre*) et 1960 (*Comanche Station*), presque tous écrits par Burt Kennedy, tous joués par Randolph Scott, l'homme au visage en lame de couteau, cousin physique de Buster Keaton. D'ailleurs, après l'épreuve du bison, Scott, attendant la diligence, ne parvient pas à remettre sa botte, s'énerve, a des gestes saccadés, grimace, preuve que la lointaine alliance du western et du burlesque est encore à l'œuvre.

« *Tous les films avec Randy Scott racontent à peu près la même histoire, avec des variantes,* explique Boetticher. *Un homme dont on a tué la femme recherche le meurtrier. Cela me permet de montrer les rapports assez subtils entre un héros qui s'enferme à tort dans sa vengeance et des hors-la-loi qui au contraire essaient de rompre avec leur passé. Ce sont les rapports les plus simples du western, mais aussi les plus essentiels*[4]. » Le mot est lancé.

4. Bertrand Tavernier, *Amis américains*, Institut Lumière/Actes Sud, Lyon, 1993.

La série Boetticher/Scott est une épure, des films courts, tous d'une traite, des scénarios où il est dit beaucoup sans, presque, qu'on s'en rende compte. Dans le campement, nouvelle arène, véritable huis clos en plein air qui constitue la plus grande partie de *L'Homme de l'Arizona*, les intérêts des hommes sont contradictoires, ils sont ennemis et pourtant des moments de flottement les font se rapprocher avant de s'entretuer. Les cadrages précis de Boetticher sont les témoins de ces allées et venues des corps et des relations : tout se joue en même temps dans la profondeur de champ. Une amorce (Randolph Scott, de dos, la main à proximité du colt), un milieu et un arrière-plan, quelque chose se passe, s'invente et se découvre à chaque niveau. On voit bien comment Leone s'appuiera sur la plastique simple et dense des films de Boetticher, mais en l'exagérant l'évidera. Dans l'aridité absolue de *La Chevauchée de la vengeance*, Scott poursuit un jeune bandit.

L'autre l'attend et lui dit : « *Cela fait trois jours que j'aperçois ta poussière.* » Tout est

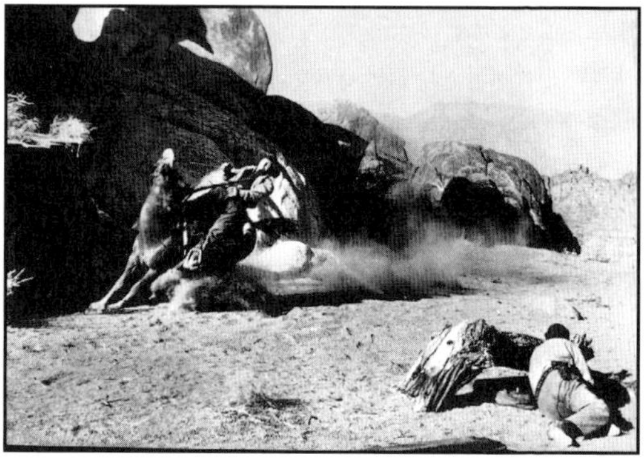

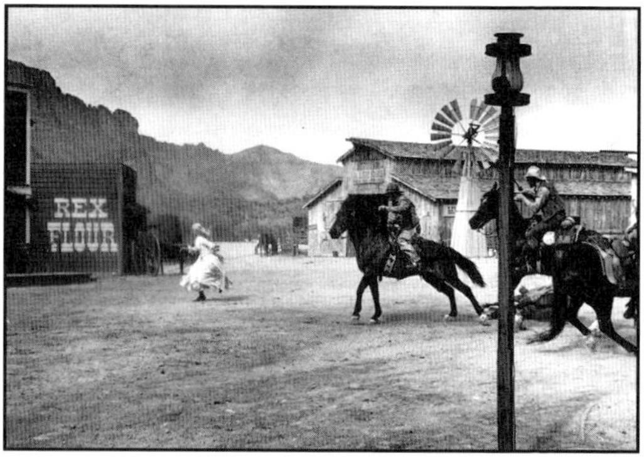


*L'Homme de l'Arizona* (en haut), *Qui tire le premier ?* (en bas), l'espace selon Boetticher : tiré à quatre épingles.

ainsi construit sur ce qui vient du paysage, les discussions toujours interrompues par un signe aperçu à l'horizon (une fumée indienne, le sable d'un galop) qui dicte l'action suivante, précipite les séquences les unes dans les autres. Rien d'étonnant à ce que Bazin ait érigé les films limpides de Boetticher en contre-exemple idéal du sur-western, « *la beauté du western procédant notamment de la spontanéité et de la parfaite inconscience de la mythologie dissoute en lui, comme le sel dans la mer*[5] ».

## Delmer Daves : persistance du souvenir

Daves, scénariste admirable des deux *Elle et lui* de McCarey, arrive au western dans les années cinquante avec *La Flèche brisée* (1950), film-date qui reformule, tout comme *La Porte du diable* d'Anthony Mann la même année, la question du traitement de l'Indien au cinéma. *La Flèche brisée* est du côté des Indiens, vit avec eux et les regarde vivre par les yeux du personnage de James Stewart, médiateur qui s'installe dans la tribu de Cochise et épouse une jeune Indienne. Daves, jeune homme, avait appris leurs coutumes chez les Navajos Hopi. Il rompt avec la tradition hollywoodienne des costumes emplumés, et s'attache à décrire des êtres humains, une nation indienne haïe simplement pour avoir été là *avant*, sans manichéisme (on trouve des fanatiques et des pacifistes des deux côtés). La figure noble et impériale de Cochise (interprété par Jeff Chandler) domine tout le film, et c'est grâce à lui que *La Flèche brisée* se referme sur un espoir de paix, rêvé même s'il est impossible. Le film de Mann est plus désespéré, il s'achève sur la mort du valeureux représentant de la tribu des Shoshones, joué par Robert Taylor, n'ayant pas réussi à sauver ses terres des lois qui visent à l'en déposséder. Il s'écroule, vêtu du costume de l'armée américaine aux côtés de laquelle il avait combattu pendant la guerre civile, aux pieds de l'officier de cavalerie venu mener de force sa tribu vers l'anéantissement programmé par l'État : la réserve. L'avocate blanche qui avait tenté de soutenir le combat de l'Indien se penche sur sa dépouille et dit : « *Il serait impardonnable qu'un jour nous*

5. André Bazin, *Ibid.*

*oubliions.* » C'est la dernière phrase du film, un appel auquel le cinéma américain se doit dorénavant de répondre.

Vers la fin de la décennie, Daves tourne coup sur coup plusieurs westerns importants : *Cowboy*, aux accents documentaires, *La Colline des potences*, où le ton se durcit et les foules se découvrent hystériques et terrifiantes. Mais avant cela, *Trois heures dix pour Yuma*, superbe face à face entre Van Heflin le fermier terne et Glenn Ford le bandit charmeur comme un serpent, chacun reflétant si intensément ce que l'autre n'a pas qu'ils ne peuvent que finir ensemble. Les chemins parcourus le sont de ville en ville, de l'hôtel à la gare, mais aussi de personnage à personnage : le moment où Glenn Ford décide dans un élan de sauter dans le train avec Van Heflin, le long travelling du début du film dont on croit d'abord qu'il suit la jeune femme en train de servir, un à un, les cowboys installés au bar. Puis dont on comprend qu'en fait il n'est là que pour la guider, l'attirer vers le vénéneux Glenn Ford. Peu après elle le remercie de lui avoir laissé un souvenir (un long baiser en gros plans fort inhabituel pour un western), écho aux phrases prononcées par le fermier lorsqu'il quitte sa femme pour une aventure dont il peut ne pas revenir. Se rappeler de *Elle et lui* : Daves est un lyrique pour qui rien ne compte plus que les souvenirs.

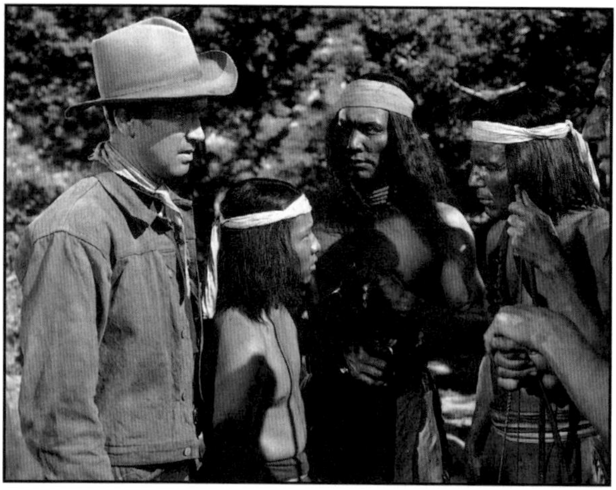

James Stewart s'installe chez les Apaches dans *La Flèche brisée*.

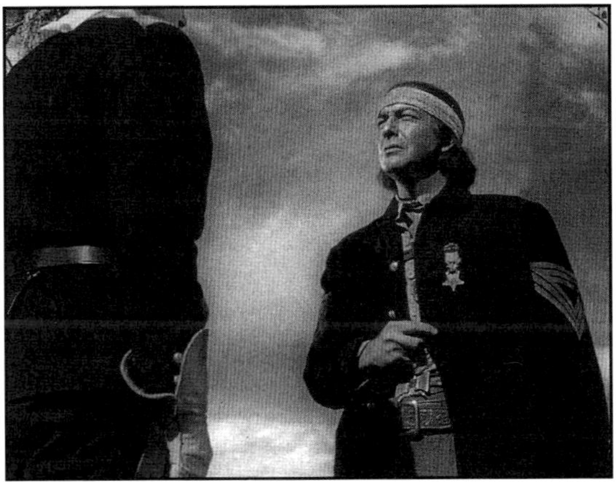

Robert Taylor lors de la déchirante fin de *La Porte du diable* (A. Mann). Le bandeau, plus réaliste, que portait le Cochise de Ford dans *Fort Apache* dès 1948, remplace peu à peu les coiffes de plumes.

## Hawks et *Rio Bravo, El Dorado, Rio Lobo*

Les deux compères Ford et Hawks se sont toujours parlé entre les films, comme on dirait « entre les lignes ». Dix ans après la trilogie de la cavalerie de Ford (tournages étalés sur trois ans), Hawks met en chantier son triptyque, trois films tournés en… onze années : *Rio Bravo* (1959), *El Dorado* (1966), *Rio Lobo* (1970), son dernier film. Ford racontait des histoires de militaires différentes dans un univers similaire. Hawks s'intéresse à la même ligne narrative, avec les mêmes cowboys dans un monde (une ville) qui ne change pas. Ou presque. C'est la jubilation de la répétition alliée aux légers glissements opérés de film en film qui fait tout le prix de la série, elle-même joyeuse digression théorique sur ce qu'est un genre : variation au sein de la répétition, plaisir des retrouvailles et bonheur de la surprise. Hawks avait-il en tête, dès le départ, de revenir à plusieurs reprises sur les motifs de *Rio Bravo* ? Probablement pas. Mais c'était déjà l'ère de la télévision triomphante qui diffusait, entre 1958 et 1960, pas moins de cinquante séries western, quelque chose d'irrémédiable était en train de se profiler à l'intérieur des studios, et il s'était fait la réflexion suivante : *Rio Bravo* aurait parfaitement fonctionné comme un feuilleton télé en trois épisodes. Pourtant ce n'est aucunement de suites qu'il s'agit dans *El Dorado* et *Rio Lobo*, mais bien de retours entêtants du même.

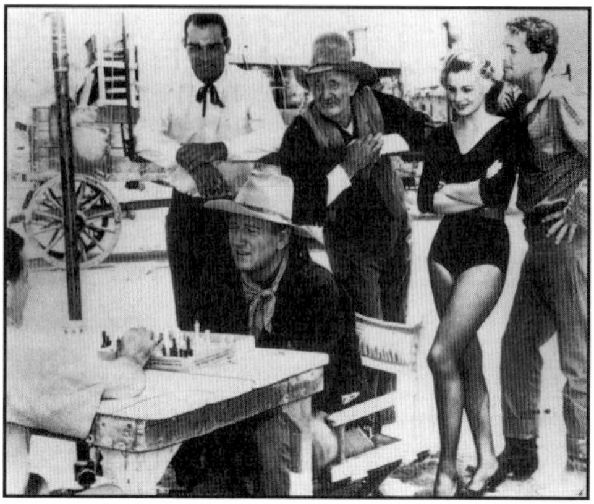

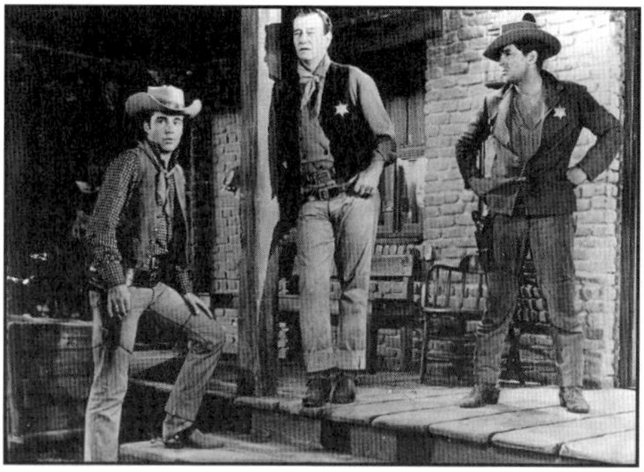

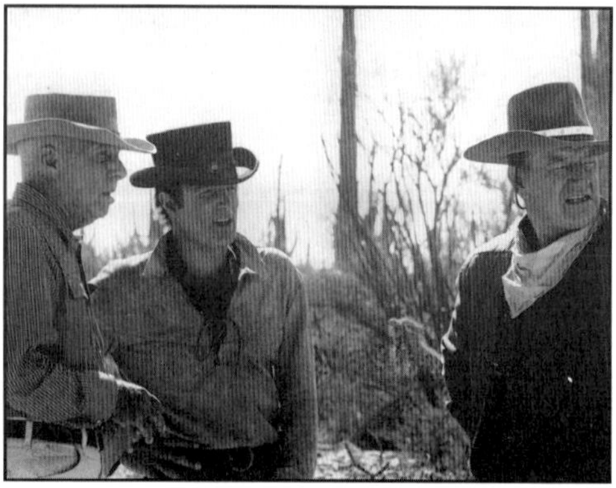

Les films reprennent un schéma déjà cher à Hawks : un jeune garçon, un homme expérimenté et un *old timer*, comme dans *La Rivière rouge* et *La Captive aux yeux clairs*. Dans *Rio Bravo*, à Ricky Nelson, John Wayne et Walter Brennan s'adjoint – littéralement, car il y regagne ses galons d'adjoint du shérif – Dean Martin, double brisé, par l'amour et l'alcool, de John Wayne. Tous ont des noms-concepts, respectivement : Colorado, John T. Chance, Stumpy et Dude. Dans *El Dorado*, le *old timer* déteint sur Wayne et Mitchum,

De haut en bas : photo du tournage décontracté de *Rio Bravo* (John Russell, John Wayne, Walter Brennan, Angie Dickinson et Dean Martin) ; R. Nelson, Wayne et D. Martin dans *Rio Bravo* ; Howard Hawks, James Caan et Wayne pendant le tournage de *El Dorado*.

éclopés quand le film se termine. Les jeunes hommes se multiplient (ils sont deux dans *Rio Lobo*), changent d'État (James Caan est Mississipi dans *El Dorado*) et d'états de services : Colorado est aussi fin tireur que Mississipi est mauvais. Les femmes, elles, se démultiplient : d'une (Angie Dickinson/Feathers dans *Rio Bravo*), elles passent à deux, puis à trois. Mais l'une d'elle a toujours la même histoire originelle que Feathers. Les blessures, les cicatrices se propagent de corps en corps, on arpente indéfiniment des villes à la tombée du soir, pour une ronde entre copains. Le bureau du shérif est le refuge, mais quand, dans *Rio Lobo,* c'est le shérif qui est l'ennemi, alors il faut l'occuper de force. Le jeu des correspondances et des redistributions est infini. Mais il y a autre chose.

Au début de *Rio Bravo*, Dean Martin assomme Wayne dans un saloon, avant de se faire passer à tabac par le redoutable chef du clan Burdette (Claude Akins). La musique ponctue allègrement les mouvements et les coups, comme si ça ne faisait pas mal, comme dans une comédie musicale. Cela continue lorsqu'un air cristallin accompagne Burdette dans la rue qui se dirige vers un autre saloon. Wayne, titubant, l'y rejoint, le frappe avec sa carabine en faisant un tour complet sur lui-même. Cette fois, c'est sûr, il danse. L'épisode de la chanson « *My poney, my rifle and me* » entre Dude le crooner et Colorado la rock star ne fait que le confirmer : Hawks est en train d'inventer un standard à partir d'un cliché (le film est fait contre *Le Train sifflera trois fois*, dont Hawks ne trouvait pas l'intrigue crédible).

L'amitié entre hommes, chère au cinéaste, se savoure au-delà des personnages. On se connaît bien, on se taquine, les femmes sont insupportables mais irrésistibles, si bien que pour leur dire « *Je vous aime* » on est obligé de leur dire « *Je vous arrête* ». Hawks, l'homme de la « relax attitude », s'installe dans cet air qu'il n'a pas fini de rejouer avec Wayne et les autres, tous ensemble « *si bons qu'ils ne ressentent pas le besoin de le prouver*[6] ».

6. « *I'd say he's so good he doesn't feel he has to prove it* » est ce que dit Wayne lorsqu'il évalue, sans encore les connaître, les qualités de tireur de Colorado.

## Années soixante : mutations

Le temps est, déjà, aux anthologies : *La Conquête de l'Ouest* (1962), grande fresque en Cinérama co-réalisée par Ford, Hathaway et George Marshall, compile tous les motifs et les figures du genre dans des épisodes qui retracent toute les étapes de l'Histoire de l'Ouest. 1964 est une année charnière. John Ford tourne son dernier western, *Les Cheyennes*, Raoul Walsh son dernier film, *La Charge de la huitième brigade*, tandis que Sergio Leone réalise *Pour une poignée de dollars*, premier épisode de la « trilogie du dollar » avec Clint Eastwood. Le western est à présent regardé d'Europe, d'Allemagne (*Le Secret du lac d'argent* et la série des *Winnetou*), mais surtout d'Italie. Les westerns-spaghetti, tournés en Espagne avec des acteurs de toutes nationalités, dont des Américains à la recherche d'un nouveau souffle dans leur carrière, ont le western pour sujet d'étude quasi-scientifique. C'est une véritable dissection, la manière qu'ils ont de décomposer le temps, de le dilater à l'extrême en le morcelant : le grincement d'une porte qui s'ouvre, une mouche qui s'attarde sur le visage d'un type patibulaire, des gouttes d'eau qui s'écrasent à intervalles réguliers sur un chapeau. Tout est sensible, sensoriel, présage de l'action à venir, tardive et elle-même décomposée. Les attributs du genre sont clinquants, un colt chromé envoie son reflet sur le visage d'un gamin posté à plus de dix mètres. Les thèmes musicaux à l'harmonica de Ennio Morricone sont entêtants, les *gunfights* sont des ballets où l'on se toise sous tous les angles. Le langage du western-spaghetti emprunte à la bande dessinée, à la caricature, les personnages sont des archétypes d'eux-mêmes (le bon, la brute, le truand) résumés à une action : *Tuez-les tous, revenez seul* (Enzo Castellari, 1968). Très vite, si on sort des films de Leone, le spaghetti tourne au grand guignol, au grotesque, se mord la queue en se parodiant dans la série des *Trinita* avec Bud Spencer et Terence Hill. Mais la stylisation exacerbée ouvre aussi le champ à des paraboles politiques, comme chez Sergio Corbucci. Quoiqu'il en soit, le sarcasme s'est infiltré dans le western.

## Monte Hellman : la contre-proposition

*L'Ouragan de la vengeance* (1966) et *The Shooting* (1967), tournés l'un tout de suite après l'autre par Monte Hellman pour 150 000 $ (l'argent du producteur Roger Corman), le premier écrit par Jack Nicholson, ont à leur sortie un écho confidentiel. Et pourtant, la proposition de Hellman, intellectuel new-yorkais venu du théâtre, est peut-être la plus passionnante de cette fin de saison. Dans *L'Ouragan*, trois cowboys sont pris par hasard dans un affrontement entre un gang et un *posse* assoiffé de justice populaire et sommaire. L'un d'eux est tué, les deux autres s'enfuient avant de se réfugier chez une famille de fermiers. Ce scénario classique de traque est traité sur le mode de l'anti-action absolue. Western silencieux, tout y est atténué par le souffle du vent. Et lorsque les balles sifflent, alors les déflagrations font voler tous les repères en éclats : impossible de distinguer, dans la fusillade du début, d'où viennent les coups de feu, ni vers qui ils sont dirigés. Contrairement à Leone qui cisèle la scénographie, Hellman la refuse. Le trouble est roi, la mélancolie n'a pas cours dans ce monde frontal où l'absurde frappe, banalement, sans poids de la fatalité.

Au début du film, les trois personnages enlèvent les selles de leurs chevaux tout en parlant, la scène ne se termine pas tant que chacun n'a pas accompli sa tâche. Ils ne font que des gestes très simples, ne disent que des choses élémentaires, et c'est ce quotidien soudain dérobé qui est leur drame inexprimé. Là où les westerns de Leone dilatent la temporalité, ceux de Monte Hellman jouent sur son enregistrement « à vide » : enfermés dans la ferme avec leurs otages qui ont oublié de protester, les deux hommes échappés de chez Samuel Beckett s'ennuient ferme, se le disent, tuent le temps. Et le dernier plan du film prend bien soin de laisser toute la poussière retomber après le passage au galop de Nicholson, survivant décontenancé de ce beau western atone.

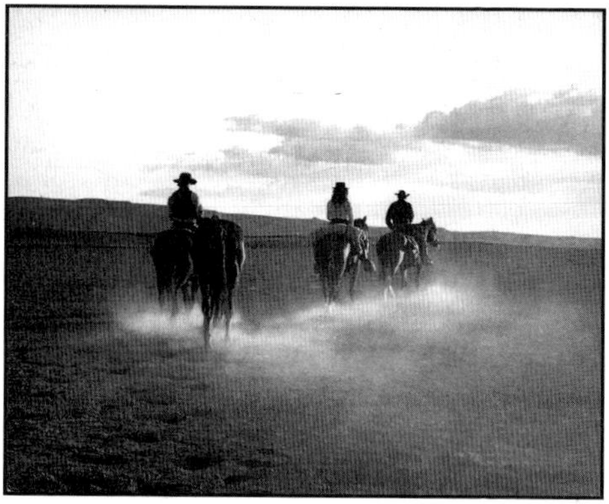

*The Shooting*, de Monte Hellman : des personnages en quête de sens.

## Western « moderne », nouveau western

Le désarroi de Monte Hellman en est l'écho, l'Amérique des années soixante a connu de profonds bouleversements : le Vietnam, la crise de Cuba, les émeutes de Watts, la lutte pour les droits civiques des Noirs, les multiples assassinats politiques... Il n'est plus possible de magnifier l'épopée de la conquête, la scène primitive autrefois idéalisée devient un enjeu politique et le terrain de la dénonciation, ou de l'exacerbation, de la violence. *Soldat Bleu* (Ralph Nelson, 1970) retrace le massacre de Sand Creek et montre des enfants indiens mutilés, des femmes torturées, condamne l'extermination indienne dans une parabole de la guerre du Vietnam, tout comme *Little Big Man* (Arthur Penn, 1971). Abraham Polonsky clôt son *Willie Boy* (1969) sur la mort de l'Indien et la phrase : « *Dites-leur que nous n'avons plus de souvenirs.* » La mémoire glorieuse du western n'est plus que douleur.

Le pacifisme, la contre-culture et le pouvoir des fleurs se propagent dans toute l'Amérique. On se retourne vers des personnages de trappeurs dans *Le Convoi sauvage* (1971) et *Jeremiah Johnson* (1972). Deux films de retour à la nature où l'on fuit le fracas du monde là où la neige assourdit tout, deux films de silence, de retraite, de survie.

Sam Peckinpah est le seul réalisateur ayant émergé dans un genre à présent assez déserté. *La Horde sauvage* (1969) est une exploration paroxystique de la violence, diffractée par les nombreux ralentis, *Pat Garrett et Billy le Kid* achève de déboulonner les figures : Garrett/James Coburn qui tire sur son reflet dans le miroir est mort depuis longtemps.

Certains films mettent en scène les restes westerniens dans un monde moderne : *Les Désaxés* de John Huston (1961), *Seuls sont les indomptés* de David Miller (1962). Le costume, la dégaine subsistent, ringards et inutiles au milieu des autoroutes et des buildings. Le plus récent *Lone Star* de John Sayles (1996) rappelle cet air-là, la petite musique cowboy de l'Amérique profonde.

Depuis les années quatre-vingt, le genre se résume à des œuvres isolées : *La Porte du paradis*, de Michael Cimino, bien loin des épopées pionnières des années vingt ou quarante, est une fresque tumultueuse ; mais qui se souvient encore de *Silverado* (1985) ou de *Young Guns* (1989) ?

Radicalisation et chorégraphie de la violence : *La Horde sauvage*, de Sam Peckinpah.

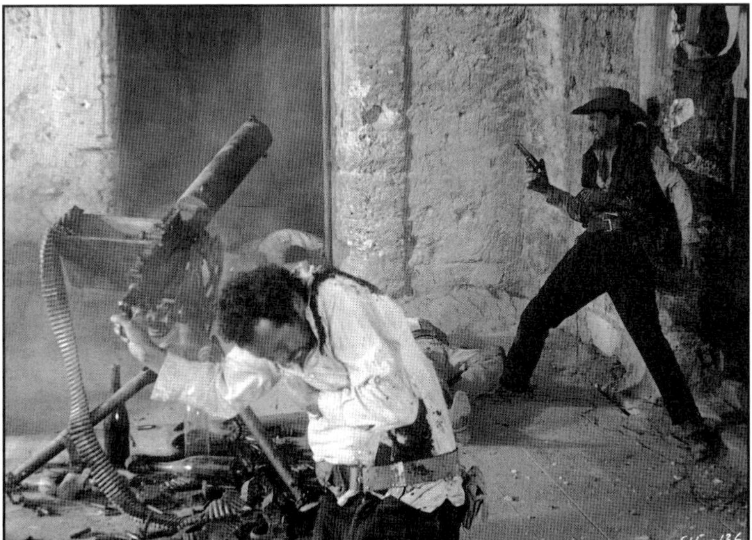

Pour les auteurs américains, faire un western aujourd'hui est *déjà* un acte de mise en scène : Clint Eastwood, bien sûr, mais aussi Jim Jarmusch avec *Dead Man* (1995). Reste le « cas » Kevin Costner : pour un triomphe (*Danse avec les loups*), plusieurs désastres critiques et financiers (*Wyatt Earp* ou *The Postman*, western post-apocalyptique). Il y a chez Costner un bel entêtement envers le genre, alors même que ces films sont responsables de sa perte au sein du système, lui qui fut, un temps, l'acteur le plus en vue de l'industrie. Son récent *Open Range* (2003) est un très bon western, *in the old-fashioned way*, où se devine le plaisir âprement gagné de n'être plus un visage américain lisse, de pouvoir enfin filmer de près ses rides creusées au coin des yeux et son visage corrodé, aux côtés d'un Robert Duvall impérial. Kevin Costner, star déchue, *loser* magnifique qui s'est sabordé lui-même pour atteindre son seul but : devenir un homme de l'Ouest crédible.

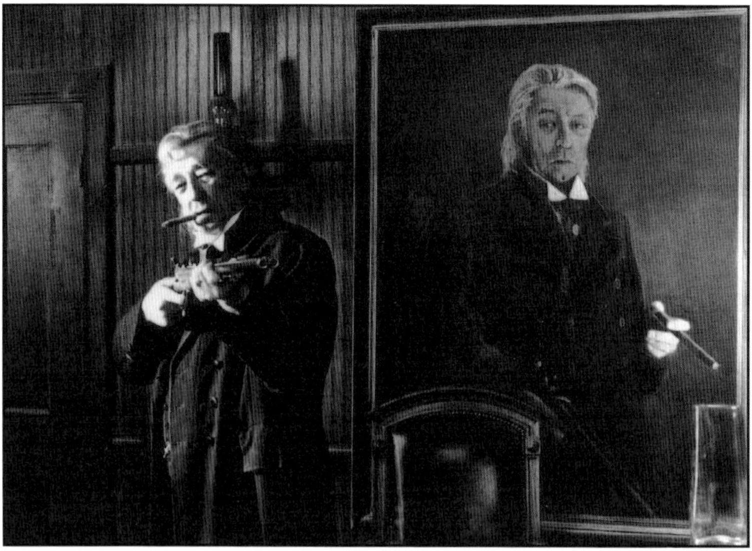

Persévérances : Robert Mitchum dans *Dead Man*, de Jim Jarmusch...

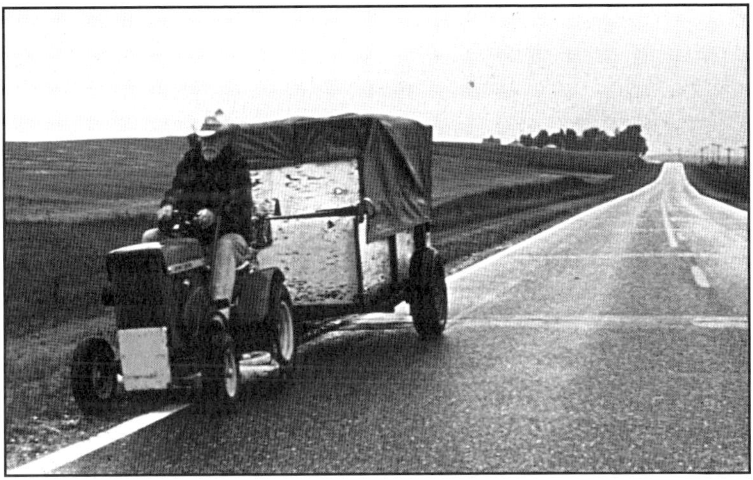

... et Richard Farnsworth dans *Une histoire vraie*, de David Lynch : des figures revenues de loin, du temps de la splendeur d'Hollywood.

D'autres échos du genre retentissent dans le cinéma contemporain : *Copland* (James Mangold, 1997) lui emprunte sa scénographie et ses héros fatigués, *The Straight Story* (1999) règle son pas sur celui, cahin-caha, d'un vieux cowboy et de son dernier voyage (Richard Farnsworth, l'acteur du film de David Lynch, fut figurant et cascadeur dans *La Rivière rouge*, et bien d'autres). Les frontières sont projetées dans le futur (*Star Wars*) et on y rejoue *Rio Bravo* (*Assaut* de John Carpenter), plusieurs fois, comme l'original (*Ghosts of Mars*, Carpenter encore).

À la télévision, autrefois relais au rabais du western qui le précipita un peu plus vite vers sa fin, on peut voir depuis 2003 *Deadwood*, une nouvelle série western. On peut y voir, surtout, Tony Soprano, chef de famille des *Sopranos*, mafieux travaillé par la question du héros américain, se passer *Rio Bravo* en boucle et se demander sans répit : « *Mais qu'est-il arrivé à Gary Cooper, le héros solide et silencieux*[7] *?* »

7. « The strong, silent type. »

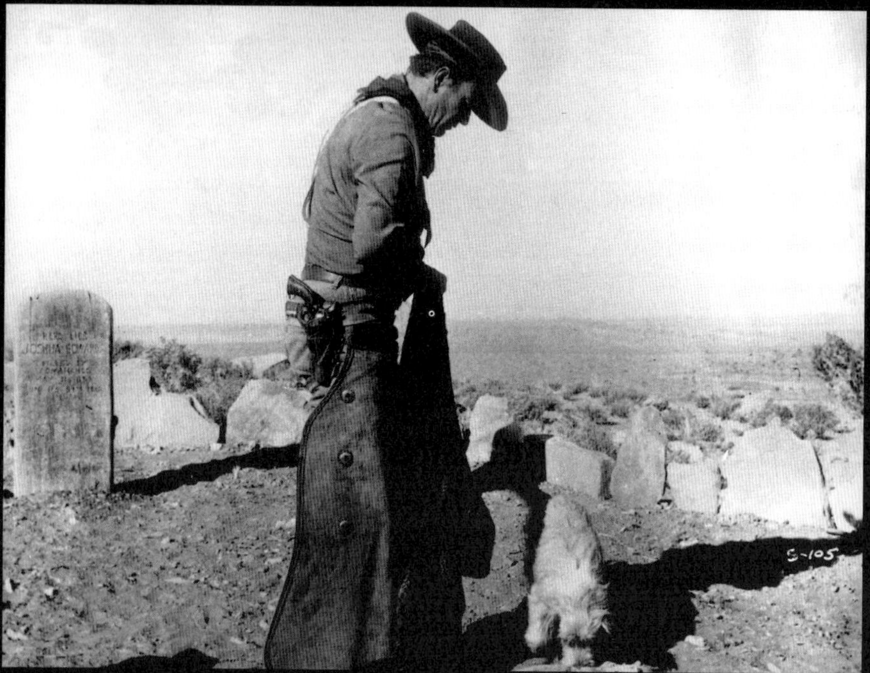

John Wayne dans *La Prisonnière du désert.* À gauche, l'entêtant motif fordien de la sépulture. Les morts obsèdent les vivants autant que le passé de l'Amérique hante le héros de western.

# Chapitre 3

# Mélancolie

Un vieux cowboy dévale doucement un sentier caillouteux, accompagné d'un chien. Arrivé face à la caméra, il s'immobilise et s'adresse à nous. La voix est théâtrale, les accents shakespeariens. Son grand foulard noué en pointe flotte au vent. Il commence par relater un épisode de la Conquête de l'Ouest, l'ouverture du Cherokee Strip. Puis il enlève son chapeau et poursuit, sa voix est à présent étranglée par l'émotion : « [Derrière vous] le nuage de poussière n'est plus un nuage de poussière, mais une merveilleuse brume dorée à travers laquelle apparaît une longue colonne de bétail fantomatique. À leur tête un poney pinto, un po... poney pinto, avec une selle vide, et alors un hennissement étouffé, un hennissement adoré, le hennissement d'un cheval si beau que rien ne semble exister entre lui et le silence, et qui dit : "Hé, maître, pourquoi restes-tu là à traîner la jambe ? Pourquoi ne viens-tu pas chevaucher avec moi ? Ne vois-tu pas, patron, ne vois-tu pas, la selle est vide. Les gars devant

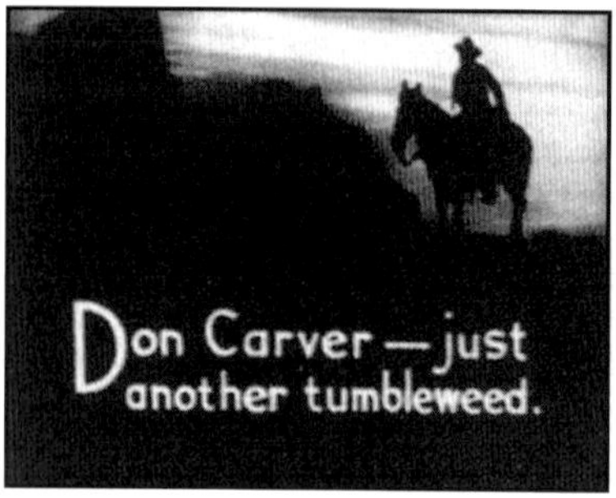


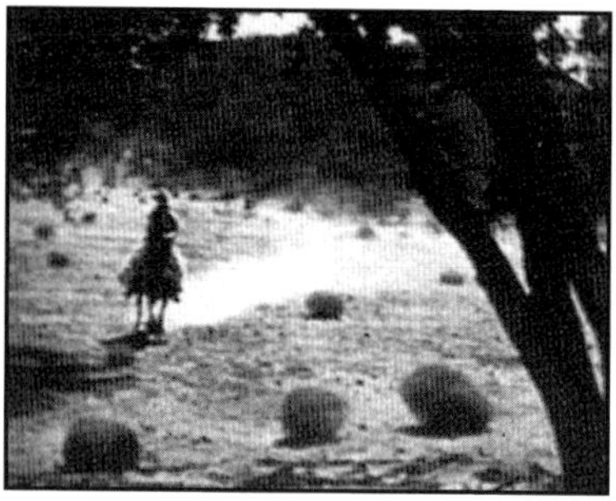

Photogrammes de *Tumbleweeds*, de King Baggot. A gauche, l'intertitre de présentation de Don Carver, personnage interprété par William S. Hart : le cowboy, une « espèce en voie de disparition ».

*appellent. Ils nous attendent toi et moi pour les aider à conduire ce dernier roundup vers l'éternité*[1]*.*" »

Ce *westerner* déchu, c'est William S. Hart, la star des années dix. Nous sommes à présent en 1939 et ce prologue sonore fut filmé spécialement pour la reprise en salles d'un western qu'il avait tourné une quinzaine d'années auparavant, ne sachant pas alors que ce serait son dernier : *Tumbleweeds* (1925). Déjà, à l'époque de la première sortie du film, Hart était passé de mode, le public lui préférant Tom Mix et ses cabrioles. Dans *Tumbleweeds*, Hart, qui appartenait à la dernière génération de ceux qui avaient « connu » l'Ouest, ami de Wyatt Earp et Bat Masterson, interprète un cowboy contraint de céder le pas aux pionniers. Au début du film, entouré de ses hommes, il contemple du haut d'une crête son troupeau défiler pour libérer les terres destinées à être ouvertes au *settlement*. Il ôte tristement son chapeau et parle. Le carton de dialogue dit : « *C'est la fin de l'Ouest, les gars*[2]. » Tous regardent avec des mines graves une époque passer au bas de la colline.

Symboles de l'imagerie westernienne, les *tumbleweeds* sont ces branches d'arbustes séchées constituées en boule qui virevoltent dans les rues des villes de l'Ouest. Par un jeu évident de

1. Traduction de Jean-Louis Leutrat, in *L'Alliance brisée*, éd. PUL/Institut Lumière, Lyon, 1985.
2. « *Boys, that's the last of the West.* »

correspondances dont ce film-là ne se prive pas, ils renvoient également au cowboy, dont l'itinéraire va au gré du grand air qui le pousse. Un des derniers plans du film montre quelques-uns de ces buissons stoppés dans leur course par des barbelés, alors qu'un peu plus tôt le cowboy Hart avait déclaré : « *Le jour où je m'établirai, ce sera sous une pierre tombale.* »

Film sur la fin de l'Ouest qui fait passer par le corps vieilli d'un acteur autrefois emblématique le signe d'une mutation, *Tumbleweeds* montre que, très vite, le genre a appris à souligner le regret qu'il portait en lui, et n'a pas attendu les années soixante pour produire des œuvres crépusculaires. Le western est le genre le plus mélancolique du cinéma.

## Je viens d'un pays qui n'existe plus

Il y a eu, aux origines, une déflagration silencieuse : la coïncidence presque parfaite entre fin de la Conquête de l'Ouest et naissance du cinéma. Le western, qui avait eu besoin du cinéma pour naître (contrairement à la comédie musicale qui aurait pu se cantonner à Broadway), était né sur ce qui venait de disparaître. Toute sa mélancolie originelle se niche dans cette proximité et cette irréversibilité temporelles : « Venir de disparaître. » Venir de ce qui n'existe déjà plus.

L'Amérique elle-même s'est construite sur une double extinction, celle des Indiens et celle de la Frontière. La Frontière comme lieu mythique où s'arrête la civilisation et où commence le *wilderness* ; mais aussi comme lieu mouvant dont l'avancée signe la fin du Paradis perdu. La Culture a recouvert la Nature. La Frontière a cessé d'exister, mais elle était elle-même messagère de disparitions. La Conquête de l'Ouest, c'est l'idéal *en même temps* que sa destruction. « *L'Amérique est double. Réelle et imaginaire. Elle est le lieu qui permet de rêver et le bout de réel sur lequel le rêve se casse les dents*[3]. »

Le western part donc de cette ambivalence : reconquérir par la fiction et

3. Serge Daney, « Il était deux fois l'Amérique », *in Ciné-Journal*, éd. Cahiers du cinéma, Paris, 1986.

le mythe un territoire qui, géographiquement, a disparu. Revenir aux temps fabuleux des commencements révolus. Faire semblant de recueillir les derniers feux : *The Last Sunset, The Last of the Mohicans, The Last Hunt*…, titres innombrables au parfum de jamais plus. Retrouver les paysages, réinventer les postures perdues. De là vient la puissance mythique des gestes westerniens, et la tristesse du héros de western : monter à cheval, dégainer son arme, faire tinter ses éperons sur l'estrade du saloon, recouvrir son visage avec son chapeau pour s'isoler du monde le temps d'un somme au grand air, autant de gestes premiers accomplis mille fois dans les films, avec toujours la conscience secrète de l'être pour la dernière fois.

## Flashback

Dans *L'Homme qui tua Liberty Valance*, John Ford met en présence Tom Doniphon (John Wayne), homme de l'Ouest dans toute sa splendeur bourrue, et Ransom Stoddart (James Stewart), avocat épris d'idéaux, fraîchement débarqué de l'Est dans ces contrées sauvages, ayant répondu avec exaltation à l'appel célèbre de Horace Greeley : « *Go West, young man, go West ! And seek fame, fortune, adventure !* » Le film commence avec le sénateur Stoddart, vieil homme aux cheveux gris, qui revient à Shinbone, ancien avant-poste de la Frontière, accompagné de sa femme, pour l'enterrement de Tom Doniphon, oublié de tous. Stewart raconte à des journalistes les circonstances de sa première venue des années auparavant : le flashback s'enclenche alors, et avec lui se déploie la théorie fordienne du western et de l'Amérique.

C'était jadis une ville de l'Ouest rudimentaire, où les livres de loi ne valaient rien, où un homme réglait « *ses problèmes seul* », comme le fait remarquer Doniphon/Wayne à Stoddart/Stewart. Provoqué par le redoutable *outlaw* Liberty Valance et contraint de l'affronter lors d'un duel nocturne, Stoddart avait réussi contre toute attente à le tuer, vite promu au rang de légende locale et de porte-parole national, début de sa carrière politique. Mais il y a un deuxième flashback tapi à l'intérieur du premier, comme John Wayne caché dans l'ombre pendant le *gunfight* : c'est lui qui a abattu Liberty Valance. Les détonations ont coïncidé, tout le monde n'y a vu que du feu, à commencer par Stewart lui-même, ébahi.

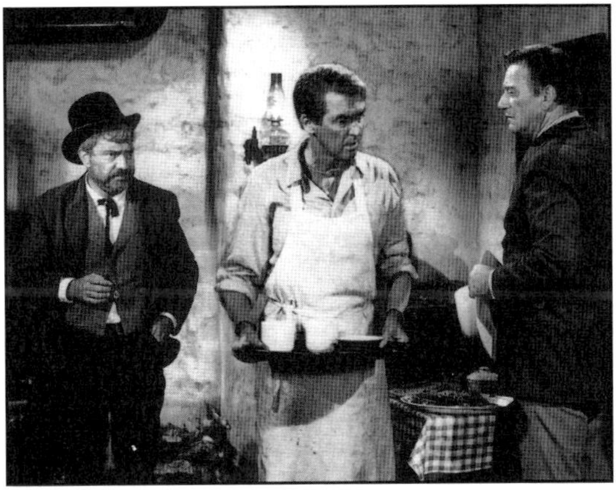

Edmond O'Brien, James Stewart et John Wayne dans *L'Homme qui tua Liberty Valance*: le passage de relais entre l'homme de l'Ouest et l'avocat de l'Est (momentanément cuisinier) se fait sous les yeux du journaliste.

*Liberty Valance* mime l'Histoire, décrit l'effacement consenti de l'homme de l'Ouest en faveur de celui de l'Est, c'est-à-dire l'établissement de la loi, l'arrivée des progrès civilisateurs. À la fin du film, la femme du sénateur remarque en regardant rêveusement défiler le paysage par la fenêtre du train : « *C'était une contrée aride où les seules fleurs étaient celles des cactus, à présent c'est un jardin.* » Au cours du film, l'Amérique prend son visage d'aujourd'hui. Mais la figure du flashback est aussi là pour démonter les rouages du mythe. C'est très clair dès la première scène du retour en arrière : l'attaque de la diligence de Stoddart par la bande de Valance dans un décor de studio qui cherche à peine à faire illusion. Bien loin du grand air et des chevauchées, nous sommes dans la reconstitution et Ford nous le dit. Il débusque dans les mythes de l'Ouest les impostures, même involontaires. C'est la fameuse phrase prononcée par le journaliste à la fin du film : « *Quand la légende surpasse la réalité, imprimez la légende.* » Mais les héros fordiens n'ont pas pour autant disparu : il reste un cowboy au destin secrètement grandiose qui dort dans une boîte en bois, ses bottes aux pieds[4], une fleur de cactus au-dessus de lui, de celles qui ne se fanent jamais. Le mythe est tenace.

4. « *He died with his boots on* », code d'honneur de l'Ouest.

*« Le véritable objet de la nostalgie n'est pas l'absence par opposition à la présence, mais le passé par rapport au présent ; le vrai remède à la nostalgie n'est pas le retour en arrière dans l'espace, mais la rétrogradation vers le passé dans le temps*[5]. » Seul moyen de remonter le temps, le western est le grand flashback impossible de l'Amérique.

## Rocailles et fossiles

L'évolution même du western reproduit la mélancolie liée à l'Ouest. C'est un genre dont on a souvent cherché à proclamer l'imminence de la chute, dont on a voulu prendre les mutations pour des signaux d'extinction, dont l'histoire cyclothymique a vu des fins successivement annoncées suivies d'éternels recommencements. Après l'exaltation des années dix, un premier affaiblissement était déjà survenu en 1914-1915, puis un autre en 1923. Suite au déclin de William S. Hart, la fougue de Tom Mix aide à relancer le genre mais, dès 1928, celui-ci est identifié comme un « cowboy vétéran ». Les années trente sont très pauvres, la vogue des cowboys chantants empêche quiconque de faire de bons westerns. Nouveau tournant en 1939 : alors qu'une page se tourne avec l'adieu définitif de William S. Hart lors du prologue de *Tumbleweeds*, John Ford tourne *La Chevauchée fantastique*, redécouvre John Wayne, relance le genre et invente son classicisme. De tels exemples sont infinis, et même si aux années de l'âge d'or (années quarante et cinquante) succède effectivement un irrémédiable essoufflement (on tourne entre 1970 et 1990 à Hollywood moins de westerns qu'au cours de la seule année 1950), le western réapparaît encore, ça et là, en des points raréfiés mais décisifs de son histoire spiralée : *Danse avec les loups* (1990), *Impitoyable* (1992)... Cette progression ne fait que rapprocher un peu plus le genre de son fondement même, l'épopée de la Frontière et ses limites toujours repoussées, toujours recommencées.

Ces rouages de la spirale en passent logiquement par des films où la fin de

5. Vladimir Jankélévitch, *L'Irréversible et la nostalgie*, éd. Flammarion, Paris, 1974.

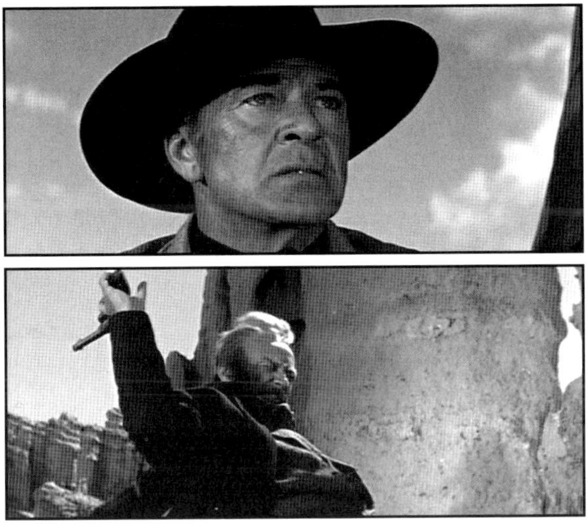

Gary Cooper et Lee J. Cobb dans *L'Homme de l'Ouest.*

l'Ouest est mise en scène, en même temps que celle du western est entrevue. Ils se lisent surtout sur les corps d'acteurs qui ont vieilli. Lorsque Gary Cooper paraît dans *L'Homme de l'Ouest*, les premières images du générique l'offrent en emblème, mais un emblème guetté par la pétrification. Son personnage, Link Jones, n'a pas vu le présent le rattraper, il sursaute à l'arrivée du train en gare (il ne connaîtra jamais le cinéma), et s'exclame : « *Je n'ai jamais rien vu de si laid.* » L'acteur porte sur son visage, comme William Hart avant lui, les signes de l'érosion du temps. Anthony Mann en profite pour épuiser le genre : « *Julie London semblait si absente, Gary si fatigué (il avait d'énormes difficultés à se tenir en selle) que je me suis dit : Pourquoi ne pas accentuer l'aspect hiératique de l'ensemble ? Vous savez… comme sur une médaille*[6]. » Encerclés par une nature décharnée aux couleurs de sable, les personnages s'y battent à poings nus dans des joutes laborieuses, la ville-fantôme qui leur sert de cercueil est la projection désolée de leur condition d'hommes de l'Ouest. Quand Cooper affronte Lee J. Cobb, le mentor de son ancienne vie de hors-la-loi, tous deux minuscules dans l'immensité rocailleuse, il lui hurle : « *Tu es comme cette ville, tu es un fantôme. Tu es dépassé,*

6. Jean-Claude Missiaen, « Entretien avec Anthony Mann », in *Cahiers du cinéma*, n° 190, mai 1967.

*Dock.* » C'est aussi à lui-même qu'il s'adresse. Et l'autre de dégringoler sans fin à ses pieds, ayant fait à peine semblant de se défendre. C'est le suicide mis en scène des figures de l'Ouest en même temps que le mouvement qui les fige dans le marbre mythologique.

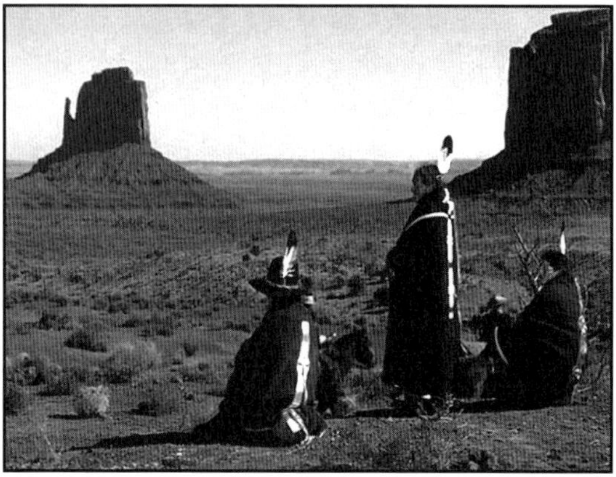

Majesté de Monument Valley : les statues de chair et de pierre de l'Ouest américain (*La Charge héroïque*).

Comme le visage de Gary Cooper, dont Godard écrivait qu'il « *appartient dans* L'Homme de l'Ouest *au règne minéral*[7] », la roche et la pierre sont des bornes qui délimitent le paysage westernien. À commencer par la plus célèbre de ces concrétions : Monument Valley. Le site, intronisé comme l'espace par excellence du western grâce aux sept films que John Ford y tourna entre 1939 et 1964 (*La Chevauchée fantastique* le premier, *Les Cheyennes* le dernier), est devenu depuis ce vestige minéral qui se dresse en ultime image publicitaire du genre. Symbole du grand air et des grands espaces, Monument Valley a aussi, pour Ford, une signification plus douloureuse. Elle est l'emblème de l'appartenance première des Indiens à la terre américaine, la représentation géologique de leur fierté statuaire : « *Cette immobilité s'opposant aux contingences de l'Histoire et des histoires racontées fait du site le sanctuaire hors du temps d'une race tragiquement décimée*[8] », écrivent Suzanne Liandrat-Guigues et Jean-Louis Leutrat, qui ont étudié très précisément le rôle et la valeur de Monument Valley dans l'œuvre de

7. « Super Mann », in *Cahiers du cinéma*, n° 92, février 1959.
8. Jean-Louis Leutrat et Suzanne Liandrat-Guigues, *Les Cartes de l'Ouest*, éd. Armand Colin, Paris, 1990.

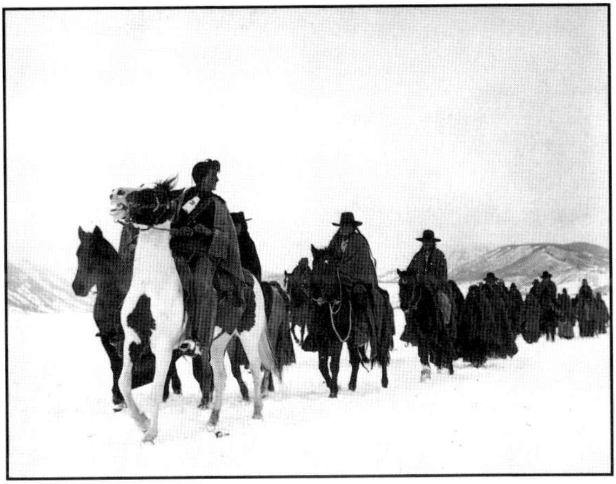

Dans le silence neigeux, le défilé mortuaire des *Cheyennes*, de John Ford.

Ford. Il suffit d'observer les longues processions silencieuses des Indiens déracinés dans *Les Cheyennes* pour éprouver cette correspondance. Lors des premières séquences, venus à la rencontre de hauts fonctionnaires de l'armée qui ne daigneront jamais venir, ils s'immobilisent face à Richard Widmark, lentement, les uns après les autres dans un léger nuage de poussière, comme une armée de statues ou de morts vivants, dont bientôt le vieux chef, épuisé, vacille et s'écroule. Plus tard dans le film, il ne faut voir aucune différence entre le plan qui s'attarde pesamment sur un des gigantesques rochers ocres et celui du visage de la femme indienne à travers la vitre glacée, dont la soudaine obscurité souligne les contours anguleux, les orbites écarquillées comme par l'étonnement de la mort. Le linceul peut être de givre ou de poussière, les buttes de la Valley sont ici les pierres tombales naturelles et monumentales du passé de l'Amérique.

Deux ans avant *Les Cheyennes*, autre montagne, autre témoin grandiose et impassible d'un souffle qui s'éteint : c'est le dernier plan, frappant, de *Coups de feu dans la Sierra* (Sam Peckinpah, 1962). Joel McCrea, blessé à mort, se tourne vers la montagne qui le contemple à l'arrière-plan, la regarde un moment avant de s'écrouler en avant, la tête la première. Peckinpah, alors âgé de trente-sept ans, donne sa version de la fin de

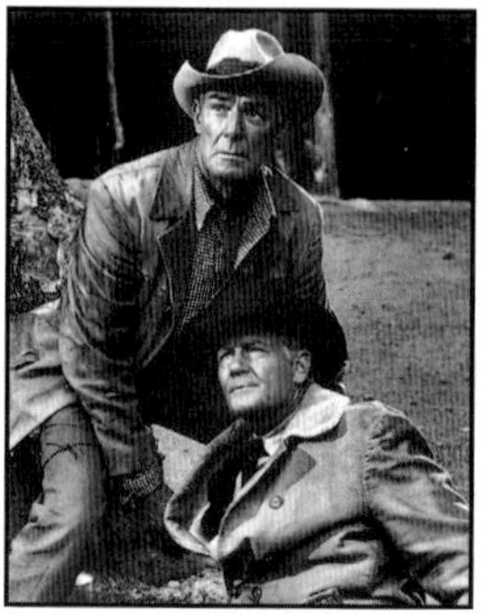

*Coups de feu dans la Sierra*, un dernier baroud d'honneur pour Randolph Scott et Joel McCrea.

l'Ouest, la même année que *L'Homme qui tua Liberty Valance* du vétéran Ford. Il engage Joel McCrea et Randolph Scott, tous deux proches de la soixantaine, respectivement le héros intègre des westerns de Tourneur et celui, monolithe, de ceux de Boetticher, pour tenir le rôle de deux misfits. « *Ce sont deux figures de noblesse qui appartiennent à une autre époque, et qui sont elles-mêmes des légendes*, explique Sam Peckinpah. *Or, le sujet voulait que ces deux ex-shérifs se sentent déplacés dans un Ouest en plein changement et où leurs traditionnelles fonctions n'ont plus de sens. Ils ont perdu leur univers, acceptent des emplois qui les dégradent ou les caricaturent, mais conservent leur dignité*[9]. » L'un est à présent convoyeur d'or pour une société bancaire, l'autre animateur de foire d'un sous-*Wild West Show*. Deux « *old timers* » d'Hollywood, aussi. « *Attention, grand-père !* », lance un policier à Joel McCrea qui manque se faire renverser par une voiture dans la ville du début du film. La voiture ici, comme le train de *L'Homme de l'Ouest*, sont des signes de son obsolescence sur lesquels butte le héros de western. Les deux compères Scott et McCrea ne cessent de se remémorer leur passé, les « *Tu te souviens…* » ponctuent leurs bivouacs, ils sont gênés par les rhumatismes. Mais ils n'ont rien perdu de leur splendeur passée lors d'un duel final remporté magistralement, filmé avec toute l'ampleur maîtrisée d'un cinéaste qui semble se réjouir de ce qu'il soit malgré tout *encore* possible de filmer un western.

*Coups de feu dans la Sierra* se cache derrière ses démystifications pour mieux magnifier la belle aventure ultime de deux survivants. C'est le dernier film de Randolph Scott, qui murmure « *À bientôt* » alors que c'est Joel McCrea qui se meurt au-devant de la grande montagne, dépositaire de l'Ouest et de ses dépouilles, mais aussi lointain décalque du logo Paramount. Adieu, Hollywood.

9. Entretien avec Robert Benayoun, « Un barbecue chez les perdeurs », in *Positif*, n° 69, mai 1965.

## L'héritier fantôme

Digne et durable héritier de la survivance western, Clint Eastwood trouve naturellement sa place dans les soubresauts du genre, qu'il théorise à sa façon. Il avait eu du mal à percer comme jeune premier à Hollywood, mais la série *Rawhide* (la télévision, une des causes de la fin de l'âge d'or des studios) et surtout les films de Sergio Leone le lancent définitivement. Clint Eastwood était né, comme acteur et comme personnage, de la mort du genre autoproclamée jusqu'à une certaine ironie : le western-spaghetti. Outre de nombreux rôles dans les westerns des autres (*Pendez-le haut et court, Sierra Torride, Joe Kidd*...), il allait passer sa carrière de cinéaste à y revenir, dessinant une figure triste à la recherche du classicisme perdu. Le héros westernien selon Eastwood doit beaucoup à la lignée William Hart/Gary Cooper/Randolph Scott : une rigidité du visage qui confine au rictus, un regard limpide, très peu de mots.

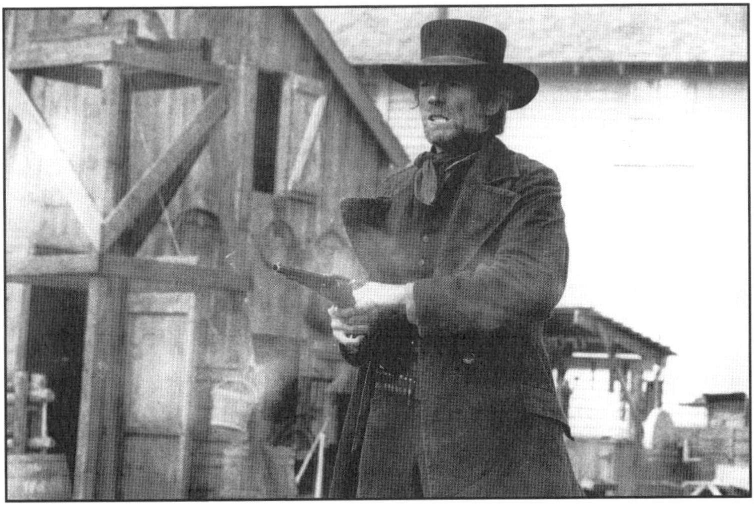

*Pale Rider*, littéralement le « cavalier blême », dernier des quatre de l'Apocalypse, chevauchant à la rescousse d'un film placé sous double influence : Leone, bien sûr, mais aussi les mythes idéalisés (donc figés) de *L'Homme des vallées perdues*, de George Stevens.

*L'Homme des hautes plaines* (1973), son premier western comme réalisateur, est encore très imprégné de l'expérience de Leone. Il y incarne un ange exterminateur, le fantôme grimaçant, sarcastique, d'un shérif maltraité par la communauté d'une petite ville qui revient pour se venger. Surgi du néant d'une brume de chaleur au début de ce film allégorique, il s'y désincarne aux derniers plans. *Pale Rider* (1985) reprend la même thématique, mais sur un ton nettement plus mélancolique. Les spectres ne ricanent plus. *Josey Wales hors-la-loi* (1976), son plus beau western, est différent : Eastwood y traite sur le mode libertaire du thème de la communauté. La sienne est constituée de laissés pour compte (Indiens, femmes, enfants), et il ne s'agit pas de s'établir, se regrouper, en se repliant sur soi – l'idéal américain – mais de la proposition d'un mode de vie différent. Puis vient *Impitoyable*, couvert d'Oscars en 1992.

*Impitoyable*, que tout le monde s'empressa d'identifier à sa sortie comme le « dernier western », a aussi pour ambition d'être le « premier western », de retrouver l'Ouest d'avant le cinéma, débarrassé des couches de glacis successives de près d'un siècle de mythologies du genre. Le film est une expérience entêtée du réel, où un Kid arrogant finit par avouer qu'il n'a jamais tué personne, où un homme met le temps que ça prend pour mourir et où son meurtrier s'y reprend à plusieurs fois pour l'achever. William Munny/Clint Eastwood, ancien tueur redoutable, ne maîtrise plus les gestes, maladroit

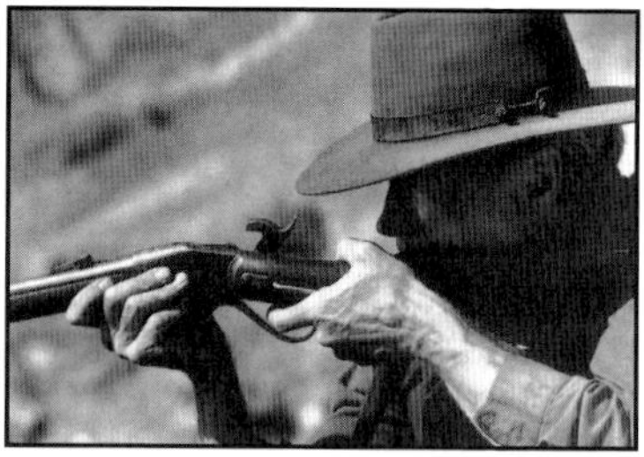

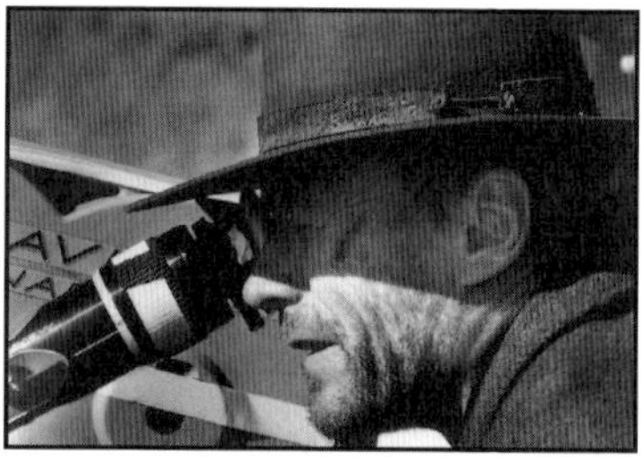

Le coup d'œil comme un coup de feu : Eastwood interprète et dirige *Impitoyable*.

à cheval et au tir. Eastwood lui-même, marqué, n'a plus la superbe des années Leone. Comme dans *L'Homme de l'Ouest*, le personnage est ramené de force vers son passé sanglant et sommé d'en finir. Eastwood explore, comme dans la plupart de ses films, westerns ou non, les fondations violentes de son pays.

Aux dernières images d'*Impitoyable*, William Munny, revenu dans sa ferme au terme de sa dernière aventure, se tient devant la tombe de sa femme, hommage discret aux sépultures fordiennes. Le plan, large, englobe une partie de la maison, un peu de linge étendu sur un fil flotte au vent. Un texte se déroule qui explique que Munny est parti pour San Francisco où « *il prospère dans le commerce* ». La caméra continue de tourner mais toutes traces de vie se désintègrent à l'image : le corps de l'acteur, et le linge. La nouvelle carrière commerciale de Munny parle d'elle-même : pour l'Ouest, il est mort, et ce fondu enchaîné final engloutit avec lui une époque, un genre, un personnage. *Impitoyable* reste, à ce jour, le dernier western de Clint Eastwood.

Né de disparitions multiples, hanté, nourri par l'idée de sa propre finitude, le western est le seul genre dont les acteurs-emblèmes aient pris en charge à ce point, dans leur chair même, la grandeur autant que l'inquiétude de la mort proche. Son histoire en fondus enchaînés se confond avec les origines de l'Amérique qui, à leur tour, se volatilisent en lui. Le western est le Grand Genre américain.

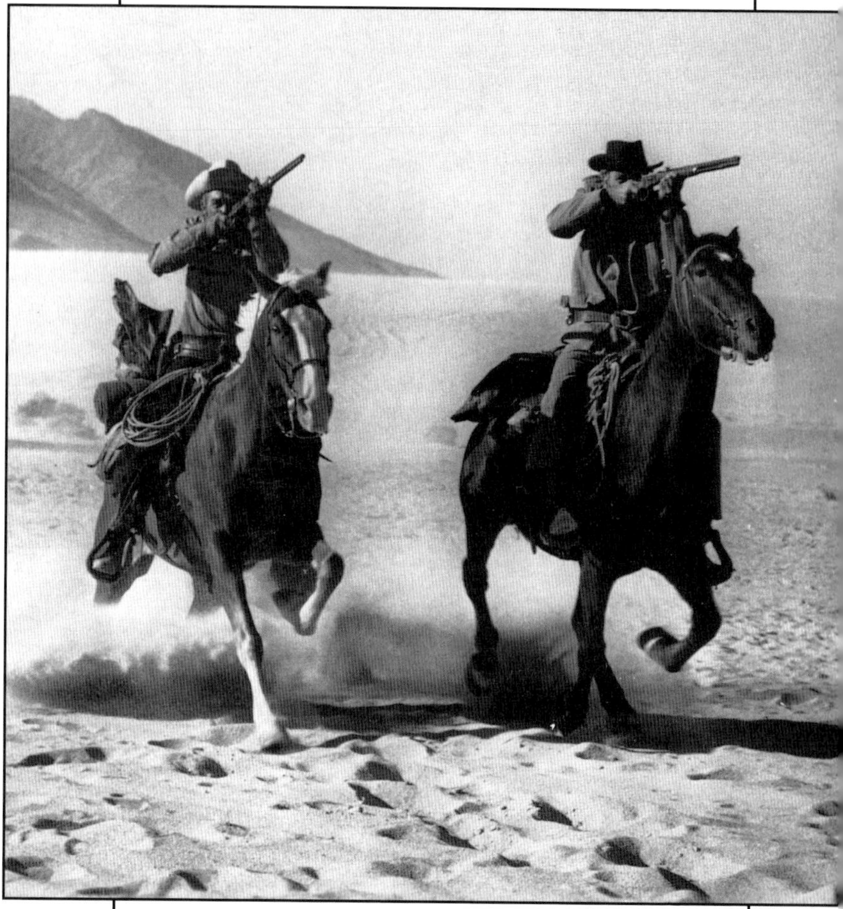

*Sept hommes à abattre*, de Budd Boetticher, le western exemplaire selon André Bazin : « *Boetticher a su se servir prodigieusement du paysage, de la matière variée de la terre, du grain et de la forme des rochers. Je ne pense pas non plus que la photogénie du cheval ait été depuis fort longtemps aussi bien exploitée.* »

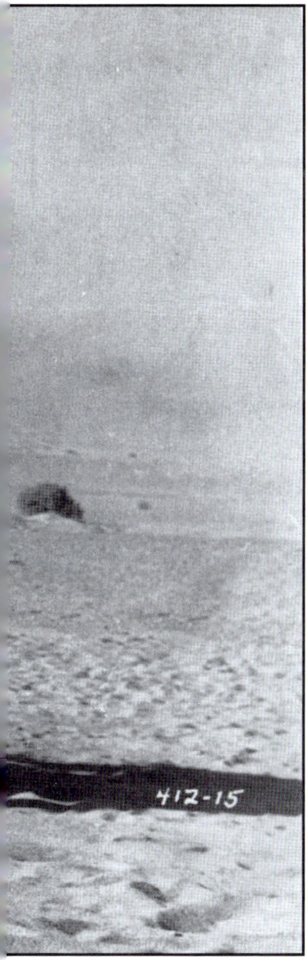


Deuxième partie

# Textes, documents, témoignages, analyses de séquences

# Texte : *Sept hommes à abattre*

## André Bazin : pur western contre sur-western

Premier critique français à avoir considéré le western comme objet digne d'attention, André Bazin publia dans les *Cahiers du cinéma* au cours des années cinquante plusieurs articles sur le genre, tels « Évolution du western » ou « Un western exemplaire : *Sept hommes à abattre* », dont un extrait est reproduit ci-dessous. Tous ces textes, ainsi que son introduction à l'ouvrage de Jean-Louis Rieupeyrout *Le western ou le cinéma américain par excellence*, sont repris dans *Qu'est-ce que le cinéma ?* (Éditions du Cerf, Paris, 1985). À partir d'un exemple précis, un film de Budd Boetticher, Bazin élabore ici la théorie générale de ce qui fait tout le prix d'un grand, d'un vrai, d'un bon western : l'évidence contre la signifiance.

[…] Le problème fondamental du western contemporain tient sans doute dans le dilemme de l'intelligence et de la naïveté. Aujourd'hui le western ne peut le plus souvent continuer d'être simple et conforme à la tradition qu'en étant vulgaire et idiot. Toute une production au rabais persiste sur ces bases. C'est que depuis Thomas Ince et William Hart, le cinéma a évolué. Genre conventionnel et simpliste dans ses données primitives, le western doit pourtant devenir adulte et se faire intelligent s'il veut se placer sur le même plan que les films dignes d'être critiqués. Ainsi sont apparus les westerns psychologiques, à thèse sociale ou plus ou moins philosophiques, les westerns signifiants. Le comble de cette évolution étant justement représenté par *Shane*, western au second degré où la mythologie du genre est consciemment traitée comme le sujet du film. La beauté du western procédant notamment de la spontanéité et de la parfaite inconscience de la mythologie dissoute en lui, comme le sel dans la mer, cette distillation laborieuse est une opération contre nature qui détruit ce qu'elle révèle. Mais peut-on aujourd'hui enchaîner directement sur le style de Thomas Ince en ignorant quarante ans d'évolution cinématographique ? Évidemment non. *La Chevauchée fantastique* illustre sans doute l'extrême limite d'un équilibre encore classique entre les règles primitives, l'intelligence du scénario et l'esthétisme de la forme. Au-delà c'est le formalisme baroque ou l'intellectualisme des symboles, c'est *Le Train sifflera trois fois*.

Seul Anthony Mann semble avoir su retrouver le naturel par la sincérité, mais c'est sa mise en scène plus que ses scénarios qui font de ses westerns les plus purs de l'après-guerre. Or, n'en déplaise à la politique des auteurs, le scénario n'est pas un élément moins constitutif du western que le bon usage de l'horizon et le lyrisme du paysage. Du reste mon admiration pour Anthony Mann a toujours été quelque peu troublée par les faiblesses qu'il tolérait dans ses adaptations.

Aussi le premier émerveillement que nous vaut *Sept hommes à abattre* tient-il à la perfection d'un scénario qui réalise le tour de force de nous surprendre sans arrêt à partir d'une trame rigoureusement classique. Pas de symboles, pas d'arrière-plans philosophiques, pas l'ombre de psychologie, rien que des personnages ultra-conventionnels dans des emplois archiconnus, mais une mise en place extraordinairement ingénieuse et surtout une invention constante quant aux détails capables de renouveler l'intérêt des situations. Le héros du film, Randolph Scott, est un shérif à la poursuite des sept bandits qui ont tué sa femme en enlevant les coffres de la Wells Fargo. Il s'agit de les rejoindre en traversant le désert avant qu'ils n'aient passé la frontière avec l'argent volé. Un autre homme est bientôt intéressé à l'aider, mais pour un motif très différent. Quand les bandits seront morts il pourra peut-être s'approprier les 20 000 dollars. Peut-être, si le shérif ne l'en empêche, auquel cas il faudra tuer un homme de plus. Ainsi la ligne dramatique se trouve-t-elle clairement posée. Le shérif agit par vengeance, son acolyte par intérêt, à la fin les comptes se règleront entre eux. Cette histoire pourrait faire un western ennuyeux et banal si le scénario n'était construit sur une série de coups de théâtre que je me garderai de révéler pour sauvegarder le plaisir du lecteur, si par chance il devait voir le film. Mais plus encore que l'invention des péripéties, c'est l'humour de leur traitement qui me paraît remarquable. Ainsi par exemple l'on ne voit jamais le shérif tirer, comme s'il le faisait trop vite pour que la caméra ait le temps de faire le contrechamp. La même volonté d'humour justifie assurément aussi les costumes trop jolis ou trop aguichants de l'héroïne ou encore les ellipses inattendues du découpage dramatique. Mais voilà le plus admirable : l'humour ici ne va point à l'encontre de l'émotion et encore moins de l'admiration. Rien de parodique. Il suppose seulement de la part du metteur en scène la conscience et l'intelligence des ressorts qu'il met en branle, mais sans rien de méprisant ou de condescendant. L'humour ne naît pas d'un sentiment de supériorité, mais tout au contraire d'une surabondance d'admiration. Quand on aime à ce point les héros qu'on anime et les situations qu'on invente, alors et alors seulement on peut prendre sur eux ce recul humoristique qui multiplie l'admiration par la lucidité. Cette ironie-là ne diminue pas les personnages, mais elle permet à leur naïveté de coexister avec l'intelligence. Voilà bien en effet le western le plus intelligent que je connaisse mais aussi le moins intellectuel, le plus raffiné et le moins esthète, le plus simple et le plus beau. Cette dialectique paradoxale fut possible parce que Budd Boetticher et son scénariste n'ont pas pris le parti de dominer leur sujet avec paternalisme ou de l'« enrichir » par des apports psychologiques, mais simplement de le pousser au bout de sa logique et de tirer tous les effets de l'achèvement des situations. L'émotion naît des rapports les plus abstraits et de la beauté la plus concrète. Le réalisme si impératif dans les westerns historiques ou psychologiques n'a pas plus de sens ici que dans les films de « La Triangle », ou plutôt une splendeur spécifique surgit de la superposition de l'extrême convention et de l'extrême réalité. Boetticher a su se servir prodigieusement du paysage, de la matière variée de la terre, du grain et de la forme des rochers. Je ne pense pas non plus que la photogénie du cheval ait été depuis fort longtemps aussi bien exploitée. Par exemple dans l'extraordinaire scène du bain de Janet Gaylor, où la pudeur inhérente au western est poussée avec humour si loin que l'on ne vous montre que les remous de l'eau dans les roseaux cependant qu'à cinquante mètres de là Randolph Scott étrille les chevaux. Il est difficile d'imaginer à la fois plus d'abstraction et de transfert dans l'érotisme. Je pense aussi à la crinière blanche du cheval du shérif et à son gros œil jaune. Savoir user de tels détails est sûrement plus important dans le western que de savoir déployer cent Indiens en bataille. Il faut en effet mettre à l'actif de ce film exceptionnel un usage tout à fait insolite de la couleur. Servies, il est vrai, par un procédé dont j'ignore les caractéristiques, les couleurs de *Sept hommes à abattre* sont uniformément transposées dans une tonalité de lavis qui rappelle par sa transparence et ses aplats les anciennes couleurs au pochoir. On dirait que les conventions de la couleur viennent ainsi souligner celles de l'action.

Enfin il y a Randolph Scott, dont le visage rappelle irrésistiblement celui de William Hart jusqu'à la sublime inexpressivité des yeux bleus. Jamais un jeu de physionomie, pas l'ombre d'une pensée ou d'un sentiment, sans que cette impassibilité, cela va sans dire, ait rien à voir avec l'intériorité moderne à la Marlon Brando. Ce visage ne traduit rien parce qu'il n'y a rien à traduire. Tous les mobiles des actions sont définis ici par les emplois et les circonstances. Jusqu'à l'amour de Randolph Scott pour Janet Gaynor dont nous savons exactement quand il est né (lors du bain) et comment il évolue sans que le visage du héros ne traduise jamais un sentiment. Mais il est inscrit dans la combinaison des événements comme le destin dans la conjoncture des astres, nécessaire et objectif. Toute expression subjective aurait alors la vulgarité d'un pléonasme. Nous ne nous attachons pas moins aux personnages, bien au contraire ; leur existence est d'autant plus pleine qu'elle ne doit rien aux incertitudes et aux ambiguïtés de la psychologie et quand, à la fin du film, Randolph Scott et Lee Marvin se trouvent face à face, le déchirement auquel nous nous savons condamnés est émouvant et beau comme la tragédie.

Ainsi le mouvement est-il prouvé en marchant. Le western n'est pas condamné à se justifier par l'intellectualisme ou la spectacularité. L'intelligence que nous exigeons aujourd'hui peut servir à raffiner sur les structures primitives du western et non à méditer sur elles ou à les dévier au profit d'intérêts étrangers à l'essence du genre.

André BAZIN

*Cahiers du cinéma*, août-septembre 1957.

# Paroles de cinéastes
## (Hawks, Daves, Peckinpah)

« *Mes personnages n'expriment pas leurs sentiments parce que s'ils les exprimaient, ce ne serait plus un western* », disait Anthony Mann. Interrogés, le plus souvent par des cinéphiles français, Howard Hawks, Delmer Daves ou Sam Peckinpah reviennent sur l'idée de départ d'un film, l'envie d'une couleur, l'attrait pour un certain type de personnage. Résonne aussi (chez Daves et Peckinpah en tout cas) la volonté farouche de redire son ancrage dans l'Histoire de son pays, de revendiquer sa propre appartenance western. Où l'on apprend que Peckinpah est un nom de montagne...

### Howard Hawks

*Comment est née l'idée de départ de* Rio Bravo*?*
Tout a commencé en voyant certaines scènes d'un film appelé *Le Train sifflera trois fois*, dans lesquelles Gary Cooper courait partout pour essayer de quémander de l'aide, et tout le monde lui fermait la porte au nez. J'ai trouvé que c'était une conduite idiote de la part d'un personnage, d'autant plus qu'à la fin il se révélait parfaitement capable de faire le boulot tout seul. Je me suis dit : et si on faisait le contraire, d'un point de vue vraiment professionnel cette fois ? Comme Wayne le dit quand les gens lui proposent leur aide dans *Rio Bravo* : « *S'ils sont vraiment bons, je les prendrai avec moi. Sinon, je prendrai soin d'eux.* » Le film s'est organisé autour de cet axe, prenant le contre-pied de tout ce qui m'avait posé problème dans *Le Train sifflera trois fois*.

Howard Hawks et Joanne Dru sur le tournage de *La Rivière rouge*.

Et cela a bien fonctionné, le public a aimé. [...]
*Le personnage de Dean Martin me fait un peu penser à Barthelmess dans* Seuls les anges ont des ailes *: un homme qui a besoin d'une seconde chance.*
Par certains côtés, oui. Mais c'est

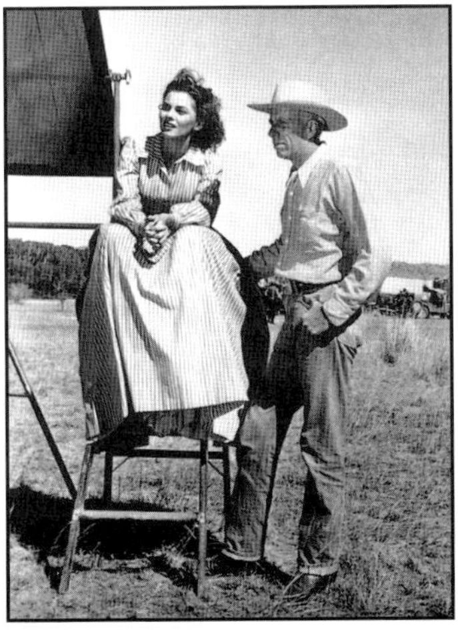

surtout une histoire d'amitié. Au cours du tournage, Wayne est venu me voir : « *Hey, c'est Dean Martin qui a droit à tous les projecteurs dans ce film, non?* » Je lui ai répondu : « *C'est vrai. – Et moi là-dedans, qu'est ce que je fais? – Que ferais-tu si ton meilleur ami était tombé dans l'alcool et qu'il essaie de revenir? N'aurais-tu pas constamment les yeux sur lui?* » Et là, Wayne m'a dit : « *OK, je sais quoi faire.* »

(Extrait du livre d'entretiens de Peter Bogdanovich, *Who the Devil Made it*, Ballantine Books, New York, 1998. Traduction : Clélia Cohen.)

**Delmer Daves**

Je tiens *Trois Heures dix pour Yuma* pour mon meilleur western : j'ai essayé de créer un nouveau style dans la manière de raconter une histoire et j'y suis parvenu, du moins je le pense. J'ai essayé de photographier cette histoire comme on l'aurait fait dans les années 1870-1875 : d'où une absence complète de maquillage et une recherche des ombres noires, au lieu de l'habituelle grisaille que l'on obtient à cause de la lumière des projecteurs. Il fallait que l'on sente vraiment la terre sèche et brûlée, qu'on la sente en couleurs, c'est-à-dire en noir et blanc. D'où ces grands mouvements de grue. C'était aussi une analyse intéressante de l'état d'esprit des hommes à cette époque et les rapports qui existaient entre les deux principaux personnages présentaient quelques analogies avec l'histoire de Faust et Méphistophélès transposée au Far West. [...]
*Cowboy*, qui vint immédiatement après, représentait un nouvel effort pour raconter la vie des cowboys avec vérité, pour la montrer d'une manière documentaire avec le maximum d'honnêteté. Cette fois, nous employâmes la couleur mais [le chef-opérateur] Charles Lawton Jr tenta une nouvelle expérience : nous essayâmes d'employer le plus possible de teintes noires, très riches ; les nuits étaient de véritables nuits et non ces crépuscules bleutés en Technicolor, des nuits comme on les vit dans la Prairie, dans les canyons. La vie des cowboys était pénible, leur humour était rude, et nous l'avons montré. [...]
J'aime le western qui ne peut se concevoir que dans des décors réels. Vous savez, mes grands-parents étaient des pionniers qui traversèrent l'Ouest dans ces « *covered wagons* ». Je suis né dans l'Ouest et quand j'eus passé mes licences de droit, je partis vivre dans les terres des Navajos Hopi, tout seul, errant, explorant, apprenant à connaître les Indiens, à les aimer. J'ai

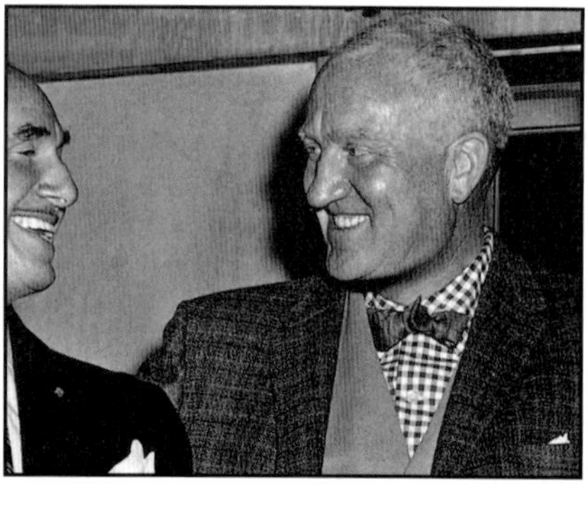

Delmer Daves sur le plateau de *Susan Slade*.

vécu avec eux, j'ai appris leurs coutumes, je crois que je les ai comprises. Les Apaches des Montagnes Blanches m'appellent par mon prénom « Del », et poussent leur hurlement de bienvenue quand je vais les voir (nous avons fait cinq films ensemble). Ils m'écrivent pour me demander de revenir. Le western fait partie de moi-même. J'ai le cafard quand je ne suis pas allé pendant longtemps dans ces terres, dans ces déserts.

(Extrait d'une correspondance avec Bertrand Tavernier, parue dans *Amis américains*, Institut Lumière/Actes Sud, Lyon, 1993.)

**Sam Peckinpah**

*Pourquoi vos héros, de votre propre aveu, sont-ils toujours des « losers » ?*

Parce qu'ils sont battus d'avance, ce qui est l'un des éléments primordiaux de la vraie tragédie. Ils ont pris depuis longtemps des accommodements avec la mort et la défaite, alors il ne leur reste plus rien à perdre. Ils n'ont aucune façade, il ne leur reste plus une illusion, aussi représentent-ils l'aventure désintéressée, celle dont on ne tire aucun profit, sinon la pure satisfaction de vivre encore.

Coups de feu dans la Sierra *est un des rares westerns qui ait la saveur de l'authenticité. Les Chinois, les chameaux font partie de l'histoire de l'Ouest et n'ont jamais été utilisés ainsi auparavant. Aviez-vous fait, là-dessus, des recherches historiques ? Je pense notamment au camp des mineurs.*

J'ai fait des recherches toute ma vie sur ces choses-là, mais d'une manière personnelle car elles me touchent de près. Vous savez peut-être que mes ancêtres furent des pionniers de la Californie. Mon grand-père paternel, Charles Peckinpah, s'est installé en 1880 sur la montagne Peckinpah, dans le comté de Madera. Mon grand-père maternel, Denver S. Church, a été éleveur, *congressman* et juge de haute instance, dans ce même comté, comme ensuite le fut mon père. J'ai moi-même vécu près d'un camp de mineurs, et connu de nombreux témoins de l'époque, cowboys, éleveurs, anciennes prostituées qui me racontaient leur vie contre quelques bouteilles de bière. La plupart de mes personnages sont composites de gens réels que j'ai connus ou dont on m'a raconté l'histoire dans les plus petits détails.

(Extrait d'un entretien avec Robert Benayoun, « Un barbecue chez les perdeurs », in *Positif*, n° 69.)

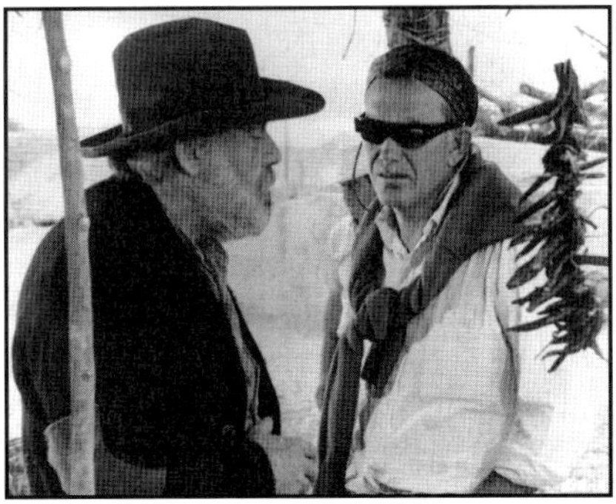

Sam Peckinpah le rebelle, à droite, avec Edmond O'Brien sur le tournage de *La Horde Sauvage.*

## Texte : *La Charge héroïque*

# Serge Daney : les bords et le cœur

Ce texte, l'un des plus beaux de son auteur, a été écrit par Serge Daney à l'époque où il chroniquait quotidiennement, pour le journal *Libération*, les films diffusés à la télévision. Débusquant un inquiétant et fugace « flashback sans flashback » dans *La Charge héroïque* de John Ford, Daney y exprime aussi, en quelques paragraphes lumineux, ce qui fait l'art du cinéaste, son « *classicisme immémorial* ». Des années plus tard, happé par un détail remarqué dans un coin d'une fresque de Piero della Francesca, l'historien de l'art Daniel Arasse dira, comme un pendant aux mots de Daney : « *C'est vraiment un détail minuscule, il n'y a donc pas de raisons pour qu'on y porte une attention particulière, le principal étant au milieu et non sur les côtés.* »

### John Ford for ever

Une idée aussi reçue que discutable dit qu'à la télévision, le gros plan est roi. S'il en était ainsi, l'homme qui éructa un jour : « *Je ne veux pas voir de poils de nez sur un écran de quinze mètres !* » n'aurait aucune chance sur petit écran. John Ford, en effet, n'aimait pas trop les gros plans. Ou, ce qui revient au même, les scènes d'exposition. Il tournait vite et il ne lui fallut que vingt-huit jours pour réaliser *She Wore A Yellow Ribbon* (et non *La Charge héroïque*, titre stupide et grand contresens). C'était en 1949, il était alors son propre producteur et il n'en faisait qu'à sa tête. Quarante et un ans plus tard, le film « passe » parfaitement du grand écran au petit écran (TF1). Élémentaire, dites-vous ? Pas tellement.

Gilles Deleuze rappela un jour aux jeunôts de la FEMIS que leur travail de cinéaste consisterait à produire des « *blocs de durée-mouvement* ». Or, si les blocs de Ford demeurent si parfaits, c'est parce qu'ils respectent le plus élémentaire des nombres d'or : ils ne durent que le temps qu'il faut à un œil exercé pour voir tout ce qu'ils recèlent[1]. Le temps de voir tout ce qu'il y a à voir, c'est la bonne durée et le bon mouvement d'un œil aussi discipliné dans l'art de regarder qu'un cavalier fordien l'est dans celui de monter à cheval.

Ce principe est si simple qu'il a permis à Ford de compliquer, de raffiner, voire de tarabiscoter les choses en donnant toujours un sentiment de classicisme immémorial. Ce n'est pas l'action qui donne les durées, c'est la perception d'un spectateur idéal, d'un éclaireur qui verrait de loin ce qu'il y a à voir (mais rien de plus).

Un contemplatif rapide, voilà le paradoxe Ford. Impossible de regarder ses films d'un œil torve, parce qu'alors on ne voit plus rien (sinon des histoires de bidasses sentimentaux). L'œil doit être vif parce que, dans n'importe quelle image d'un film de Ford, il risque d'y avoir quelques dixièmes de seconde de *contemplation pure* avant que l'action n'arrive. On sort d'une cabane ou d'un plan, et il y a là des nuages rouges au-dessus d'un cimetière, un cheval abandonné dans le coin droit de l'image, le grouillement bleu de la cavalerie, le visage bouleversé de deux femmes : ce sont des choses qu'il faut voir au tout *début* du plan, car il n'y aura pas de « deuxième fois » (tant pis pour les yeux cossards).

Ford est un des grands *artistes* du cinéma. Pas seulement à cause de la composition de ses plans et de ses lumières mais, plus profondément, parce qu'il filme si vite qu'il fait deux films à la fois : un film pour conjurer le temps (en étirant les récits, pas peur de finir) et un autre pour sauver le moment (celui du paysage, deux secondes avant l'action). Il est celui qui jouit du spectacle avant[2]. Aussi ne faut-il pas chercher chez lui de personnages qui, devant un beau paysage, disent : « Oh ! comme c'est beau ! » Ce n'est pas au personnage de souffler au spectateur ce qu'il doit voir. C'est ça qui serait immoral.

D'autant que les personnages ont bien assez à faire pour retarder l'âge de la retraite et la fin des péripéties de l'histoire. C'est un thème qui commence dans *She Wore A Yellow Ribbon* et qui ne cessera de revenir. Les personnages de Ford (militaires compris) ne sont jamais que les saltimbanques de leurs croyances, et celles-ci auront de moins en moins tendance à les mener vers des terres promises, même si elles dessinent la silhouette des cavaliers sur un fond chromo de ciel embrasé ou de clair de lune. Cette image se trouve, évidemment, dans *She Wore*. Ce défilé-ronde, qui va de gauche à droite, est collectif et interminable.

Mais il est un autre mouvement, plus mystérieux, qui vient, lui, du fond du plan. Et qui surgit, *au milieu* de l'image, toujours[3]. Comme si ce cinéaste qui avait tout bâti sur le refus de gros plan et de la scène d'exposition laissait parfois venir quelque chose vers ses personnages. C'est ainsi qu'on trouve un gros plan dans *She Wore A Yellow Ribbon*. On y voit Nathan Brittles-John Wayne-Raymond Loyer parlant à sa femme, morte depuis longtemps et enterrée à deux pas, lui expliquant qu'il lui reste six jours avant la retraite et qu'il n'a rien décidé. Alors, sur la tombe, se dessine l'ombre d'une femme. Il s'agit, bien sûr, d'une inoffensive jeune fille, mais pour qui a appris à voir Ford comme il se doit, ce bref instant fait peur. *C'est le passé qui revient par le milieu de l'image*, sans crier gare, « à la Ford ». Inutile de dire que lorsqu'une image a, non seulement des bords, mais un cœur, le petit écran l'accueille avec tous les égards qui lui sont dus.

Serge DANEY

*Libération*, 18 novembre 1988.

1. Cette remarque a été soufflée à l'auteur par le cinéaste portugais A. P. Vasconcelos.
2. On pourrait hasarder qu'à l'inverse est « immorale » la façon dont le cinéaste prend du recul pour nous montrer la beauté du spectacle, « après ».
3. L'auteur a réitéré son fordisme, à la page 62 de l'excellent numéro hors-série des *Cahiers du cinéma* sur John Ford.

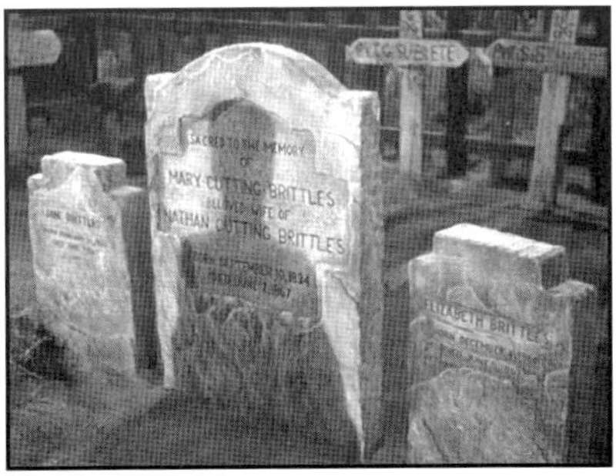

Récit de tournage

# En filmant *La Captive aux yeux clairs*

Deux ans après *La Rivière rouge*, l'aventure du premier convoi de bétail sur la piste Chisolm, Howard Hawks se met en quête d'un sujet pour son second western, et se décide pour un autre récit de « première fois » historique: le roman publié en 1947 par A. B. Guthrie Jr, *The Big Sky*, retrace une expédition d'explorateurs et de trappeurs remontant le fleuve Missouri de Saint Louis au Montana. Sur le compte-rendu du livre rédigé en interne par la RKO était inscrit: « *Dépourvu de toute intrigue susceptible de donner lieu à un film.* » Occasion idéale pour Hawks de réaliser un western atypique, fluvial tant visuellement que rythmiquement: *La Captive aux yeux clairs.*

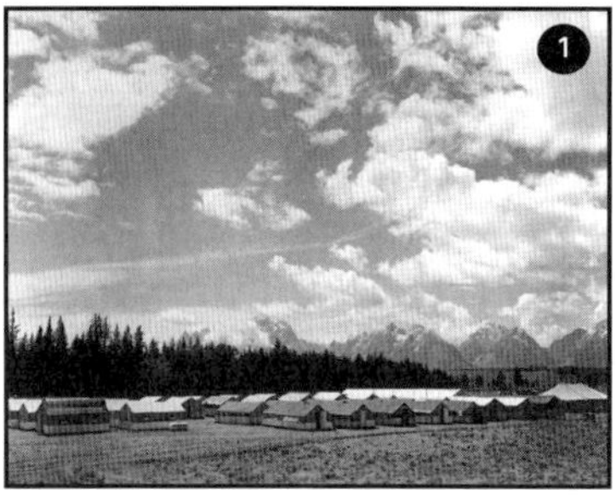


**1.** Début août 1951 : l'équipe prend ses quartiers dans le campement spécialement construit à cet effet à Jackson Hole, Wyoming, au cœur du majestueux Grand Teton National Park. Le premier tour de manivelle est donné le 3 août, mais le mauvais temps interrompt les prises, qui ne reprennent que le 8, premier d'une longue série de *contretemps.*

**2.** La première idée de Hawks, ici en conversation avec Kirk Douglas, pour les deux personnages principaux aurait été Gary Cooper et Arthur Kennedy. D'autres combinaisons furent envisagées : Cooper et Monty Clift, Marlon Brando et Clift. Le casting rêvé de Hawks était Robert Mitchum et Marlon Brando, mais le producteur Howard Hughes revint sur sa décision de libérer Mitchum pour le film, et Brando demanda trop d'argent.

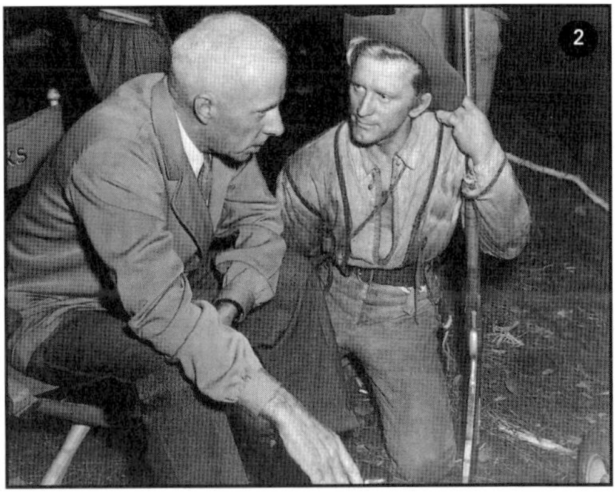


**3.** Le jeune Dewey Martin (à gauche) avait été découvert par Hawks dans *La Chose* et fut engagé parce que, peu connu, il ne coûtait pas grand-chose. Pour le rôle de Teal Eye, la princesse indienne en fuite que l'expédition ramène à son peuple en échange de conditions commerciales avantageuses, le cinéaste choisit un jeune mannequin, Elizabeth Threatt. Deuxième en partant de la gauche, le petit Michael Douglas, alors âgé de six ans, en visite sur le tournage.

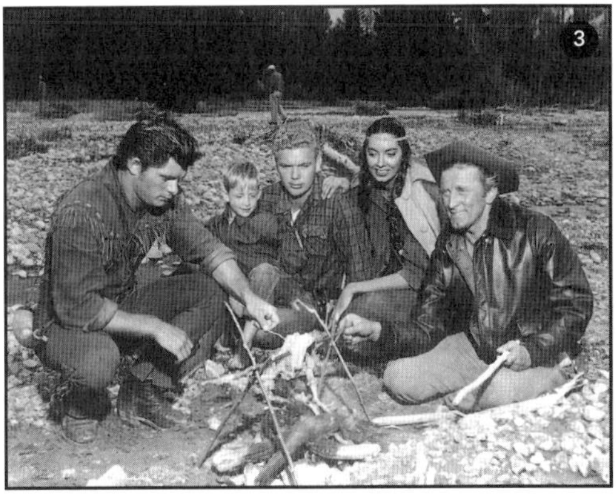


**4.** Tourner dans l'eau multiplie les difficultés. Hawks, ici l'homme au chapeau près de la caméra, n'est pas homme à se presser, et les nombreuses visites ralentissent un peu plus le cours du tournage. L'actrice Jane Greer, épouse de Eddie Lasker, l'associé de Hawks au sein de Winchester Pictures,

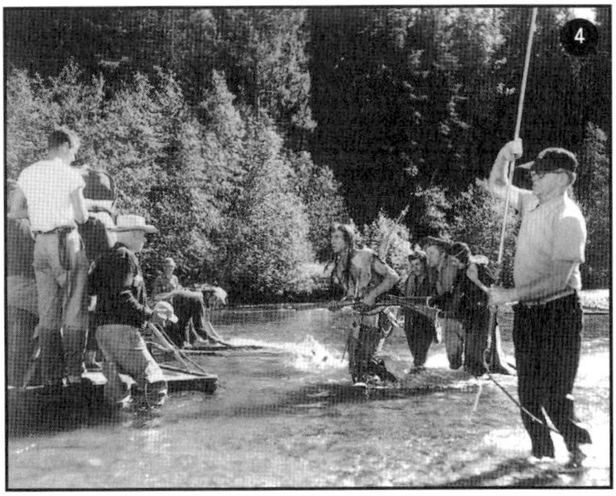

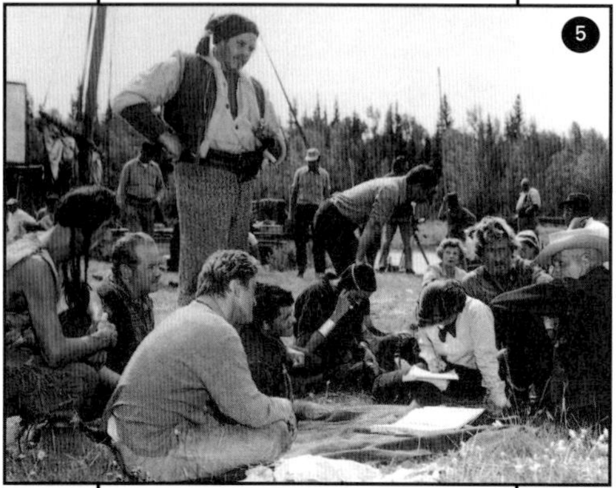

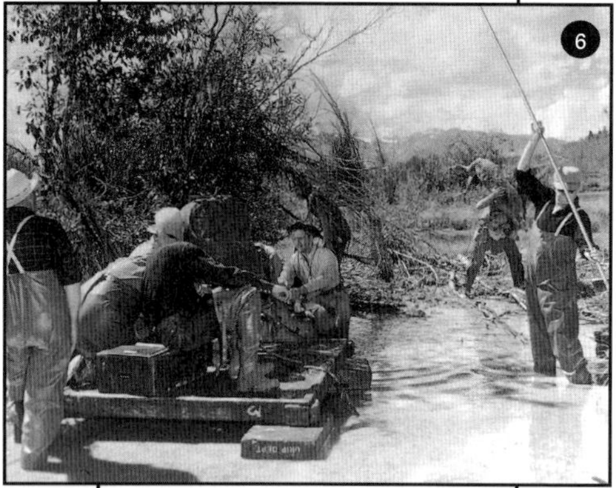

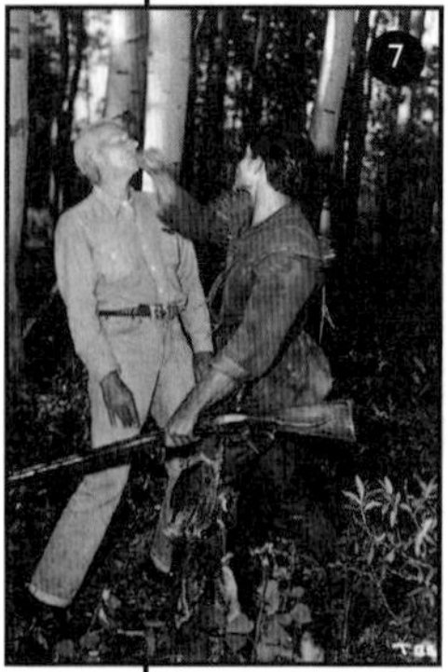

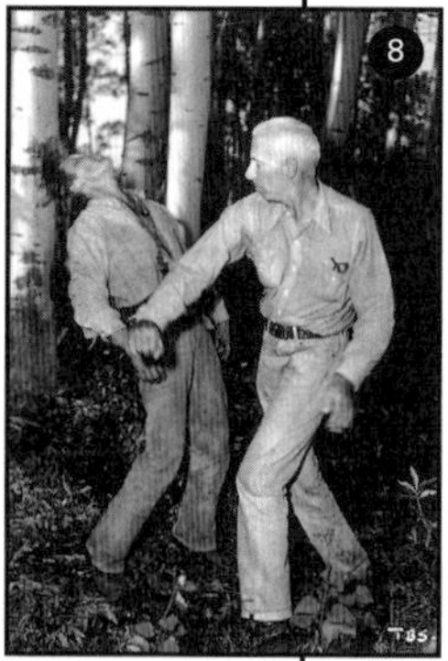

raconte à la chroniqueuse Hedda Hopper dans une lettre du 10 août : « *Le soleil s'est enfin montré aujourd'hui après deux jours d'absence. Il paraît que c'est devenu la blague favorite de George Stevens, qui tourne* L'Homme des vallées perdues *de l'autre côté de la montagne :"Hawks est là à filmer* The Big Sky [littéralement : le vaste ciel], *et il ne l'a pas encore vu !* »

**5.** Le mauvais temps n'est pas seul responsable des retards accumulés. Hawks récrit constamment le script, et son assistante Lorrie Sherwood (à gauche du réalisateur) tape ses modifications à l'arrière d'un camion. Avec *La Captive aux yeux clairs*, Hawks pousse plus loin encore le mode de récit diffus qu'il avait expérimenté dans *La Rivière rouge*. Il est à la recherche d'une structure désinvolte que la puissance des scènes en elles-mêmes suffirait à faire tenir ensemble.

**6.** Alors que la couleur se généralise à Hollywood,

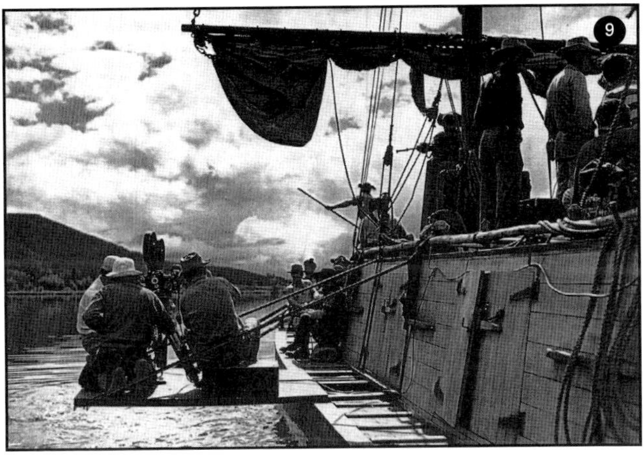

le cinéaste la repousse. Selon lui, « *la poussière est bien plus poussiéreuse en noir et blanc* ». Ce parti pris, appliqué à l'eau, omniprésente dans le film, lui donne une texture à la fois limpide et lourde très particulière. (Ici Hawks derrière la caméra, en bottes, face à Kirk Douglas.)

**7.** et **8.** Howard Hawks n'hésite pas à mettre la main (le poing) à la pâte, comme lors de cette répétition, avec ses deux acteurs, de la scène de leur bagarre inaugurale, primordiale car elle scelle le début de leur relation et de leur virile amitié, hawksienne en diable.

**9.** De vrais bateliers ont été engagés pour manœuvrer le « Mantan », le bateau de *La Captive*. Hawks, épris comme Ford de tournages au grand air, tire une grande fierté de ce qu'aucune transparence n'ait été utilisée dans ce film en pleine nature, dont le rythme épouse les changements de courants, les méandres du fleuve que remontent les personnages, guidés par lui et parfois empêchés.

Après quelques prises finales en studios, le tournage de *La Captive aux yeux clairs* prend fin le 12 novembre 1951, au terme de 92 jours, soit un dépassement de 35 jours sur le plan de travail initial et un budget doublé. Mais, comme Hawks avait l'habitude de le faire remarquer : « *Ford et moi avons fait les meilleurs westerns* »…

Analyse de séquence

# *La Poursuite infernale* : l'espace dompté

Dernière scène de *La Poursuite infernale*. C'est le règlement de comptes à OK Corral, le *gunfight* le plus célèbre de l'Ouest. Toutes les forces sont en présence, mais reste une inconnue : la mise en scène de John Ford.

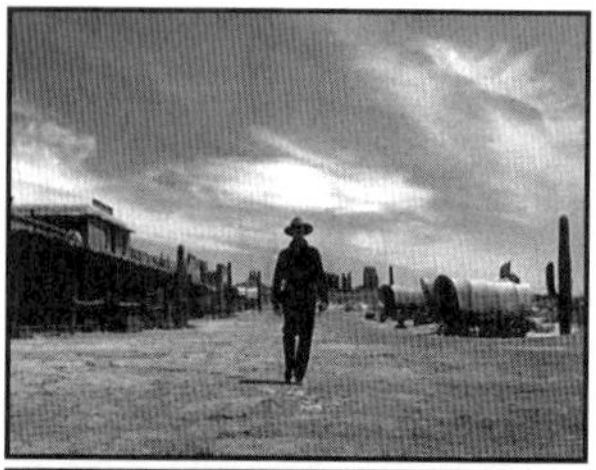

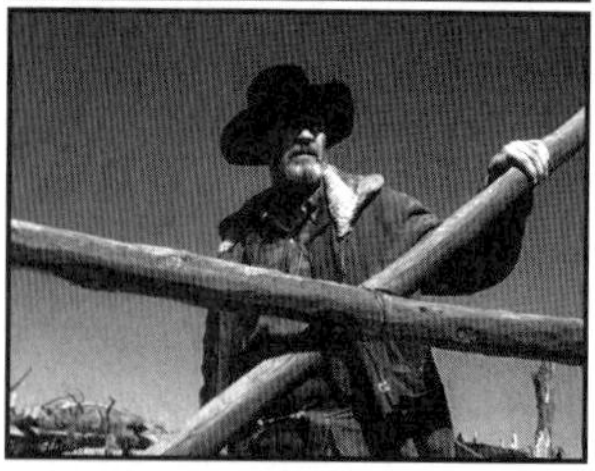

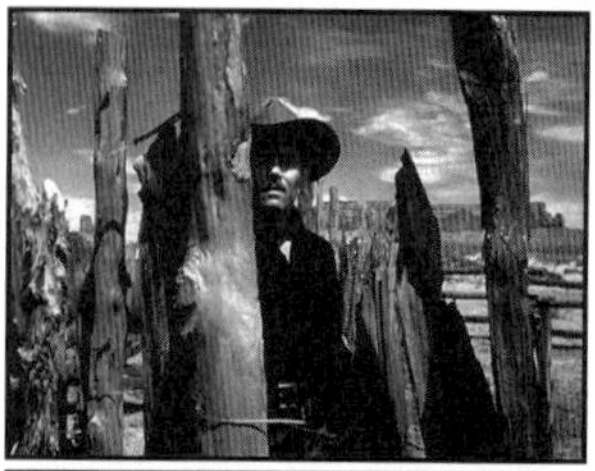

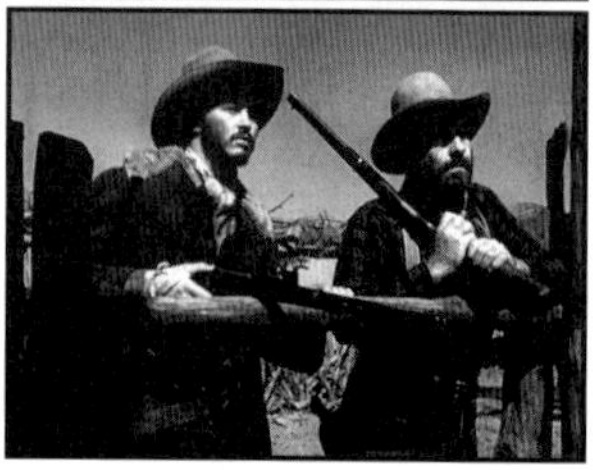

L'affrontement intervient au terme d'une heure vingt-cinq de film et dure sept minutes, partagées en trois temps : longue observation, coups de feu, et calme revenu.

Les hommes de Wyatt Earp se mettent en marche en direction de OK Corral, à l'autre bout de la ville, où les attendent les Clanton. La bien nommée Tombstone (pierre tombale) est déserte, exsangue. Les personnages sont enserrés dans des lignes de force multiples qui partagent le cadre : planches ou piquets de bois, carabines des Clanton orientées dans des directions différentes. L'espace est coupant.

Les premiers coups de feu partent, au loin passe une diligence, dont le galop des chevaux se rapproche peu à peu. Et là, tout change. La diligence passe à toute vitesse au milieu de l'action, Ford lance le fantôme d'un film passé (*La Chevauchée*

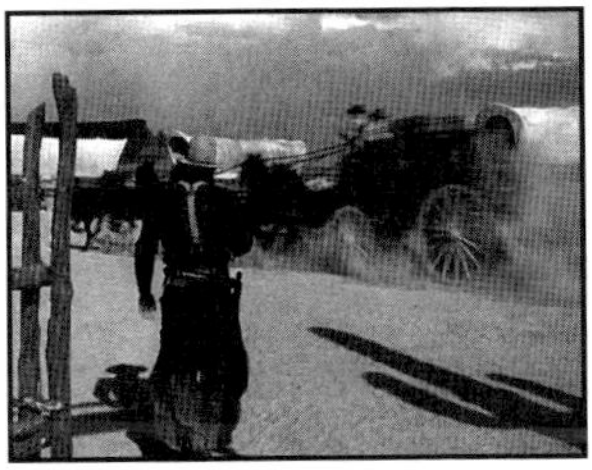

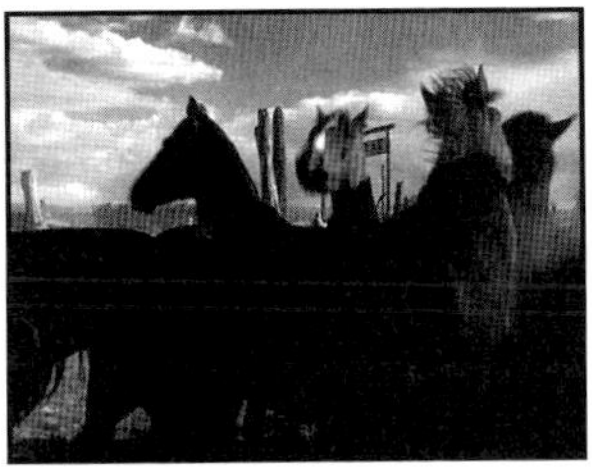

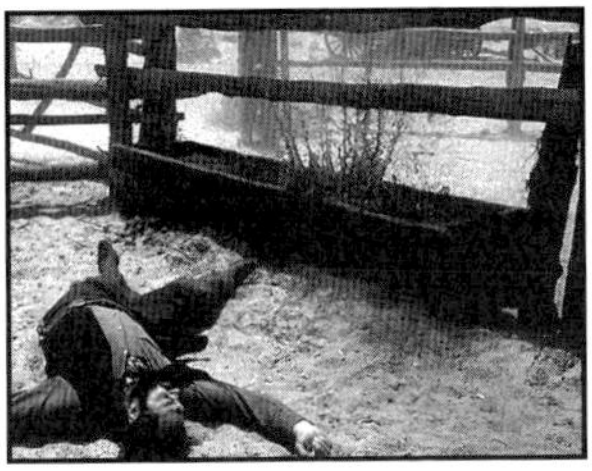

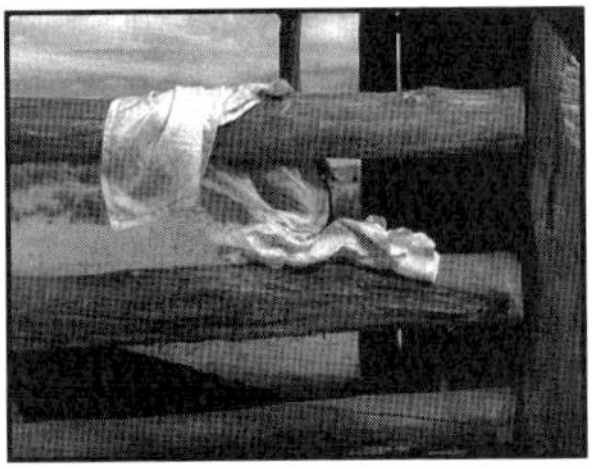

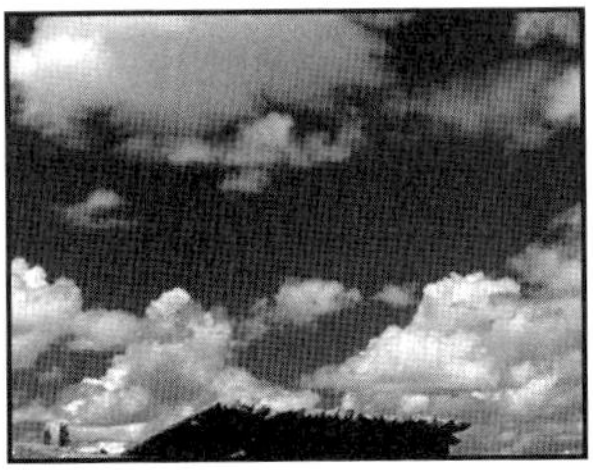

*fantastique/Stagecoach*, 1939) à la rescousse de Wyatt Earp. La nature s'invite dans le duel : la poussière, les chevaux, l'eau qui éclabousse annihilent la géométrie. Quelque chose est en train de reprendre le dessus qui fait exploser les carcans et libère l'espace. À la fixité et l'emprisonnement succèdent l'ondulation et les matières mouvantes.

Tout est fini : le mouchoir blanc, symbole de la mort de Doc Holliday, l'ami tragédien, flotte au vent, et le ciel se remplit de nuages moutonnants qui n'étaient pas là au début de la scène.

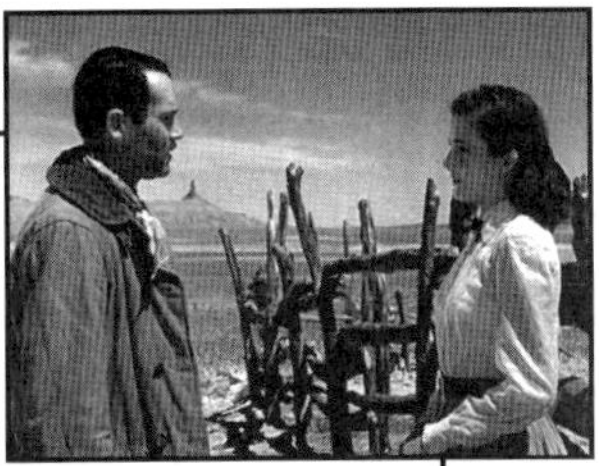

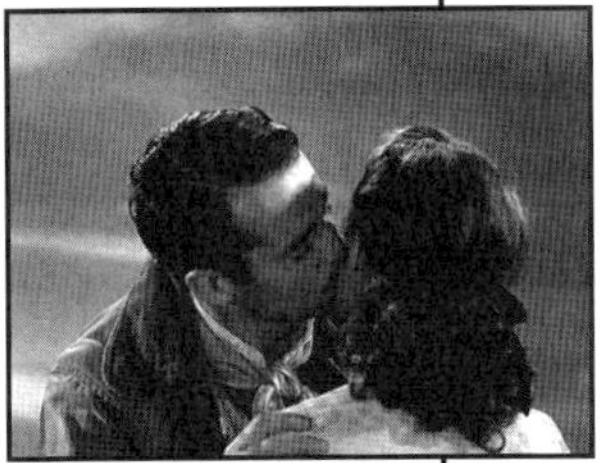

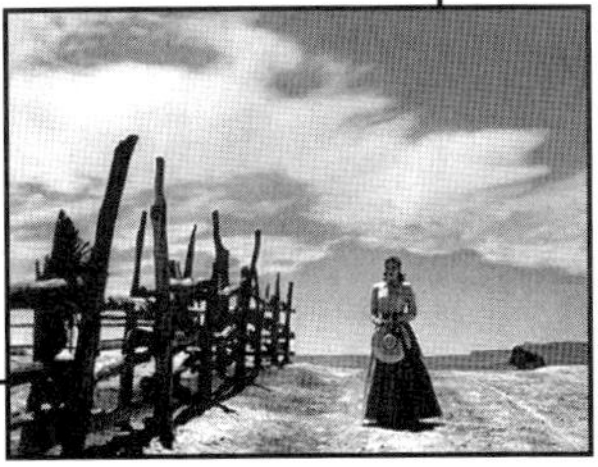

Épilogue : Wyatt Earp fait ses adieux à Clementine. L'avancée de la clôture de bois jusqu'au milieu du cadre ne laisse aucun doute : il est libre, elle ne l'est pas. Au détour d'un baiser le ciel se vide autour d'eux. Va t-il la délivrer ? Pas encore, c'est trop tôt, elle est encore « sous influence ». Mais pour lui, c'est tout l'espace qui se découvre : il peut partir pleurer ses morts.

## Analyse de plans

# *Johnny Guitar* : Haut Bas Fragile

Western magnifique, *Johnny Guitar*, de Nicholas Ray, est l'œuvre d'un poète, « *un rêve de l'Ouest [où] les cowboys s'évanouissent et meurent avec des grâces de danseuses* », écrit François Truffaut. C'est aussi un film où le cinéaste parle de son pays autant que de ses amours déçues. Le jeu des regards orientés vers le haut ou vers le bas fait éclater dans un même mouvement phobie de l'altérité et altitude du sentiment amoureux, fût-il amer.

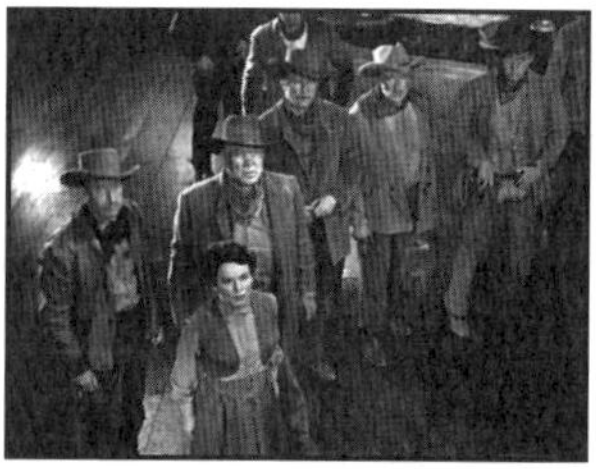

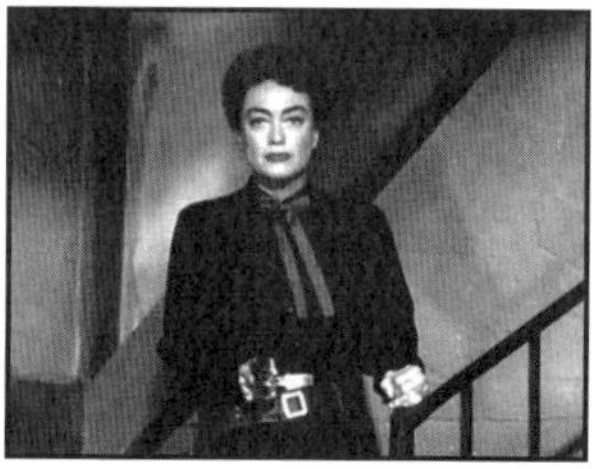

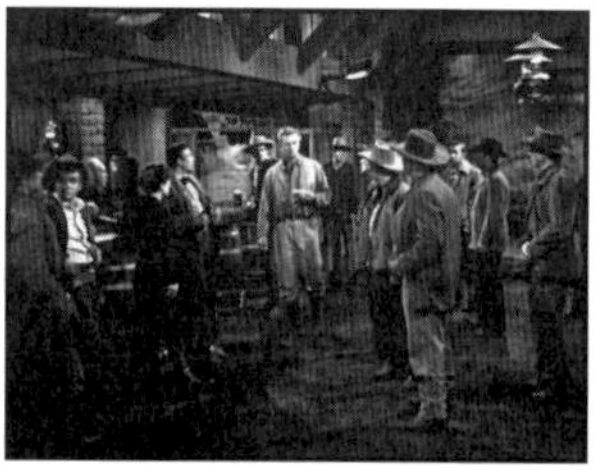

C'est presque le début du film. L'impériale Vienna (Joan Crawford) apparaît d'emblée inaccessible, tellement supérieure à la meute qui d'en bas la convoite. À leur tête, Emma (Mercedes McCambridge), petite créature enragée dont le nom de famille est Small. C'est l'Histoire d'un pays qui se joue là : la foule est liguée contre la nouvelle arrivante, annonciatrice des milliers qui vont venir les obliger à partager leurs terres ; surtout ils sont tous tenaillés au ventre par la peur de l'« autre ». Le curieux saloon-caverne de Vienna se divise en deux : à droite, la société établie, à gauche, les marginaux, une peu bandits, un peu aventuriers, ceux dont l'Amérique ne veut pas et donc Nicholas Ray se réclame.

Les mouvements de tête des femmes sont le signe que Ray ne veut pas distinguer l'intime du politique : plan très rapide d'Emma qui se détourne à l'arrivée du Dancing Kid, possédée par son propre désir honteux, plan plus long de Vienna, absorbée dans la contemplation de son ancien amour qui vient de revenir. Car il n'y en a qu'un qu'elle ne sait pas regarder de haut, c'est lui : Johnny Guitar. « *Il fut un temps où j'aurais rampé à tes pieds pour être près de toi* », lui dit-elle, mais dans ses bras elle regarde vers le ciel.

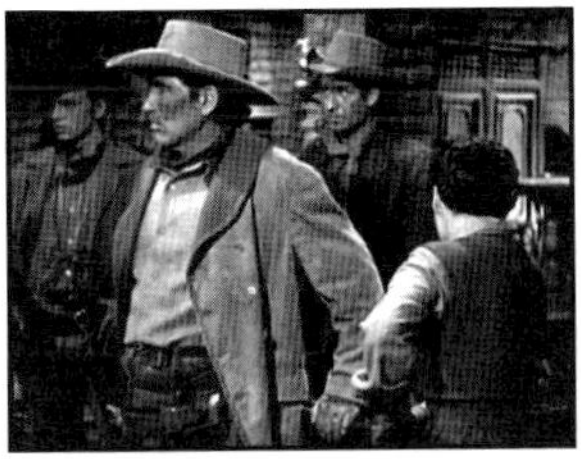
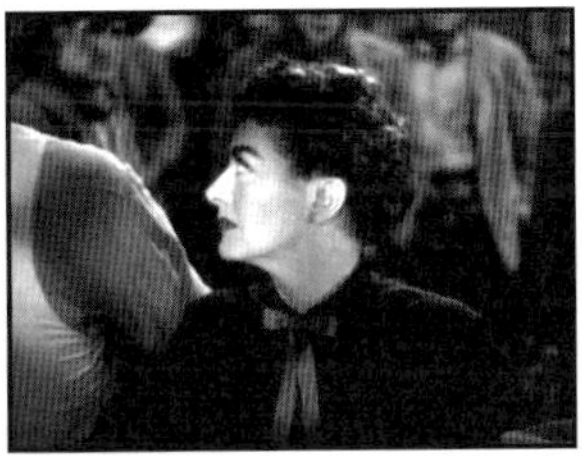
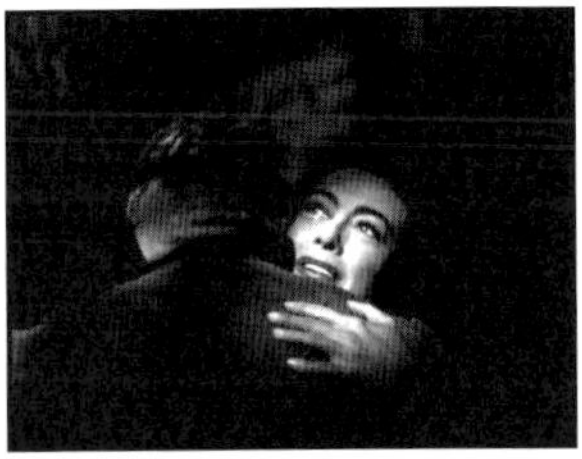
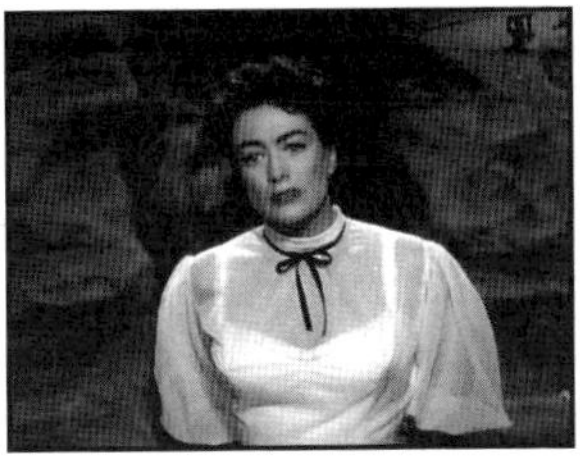
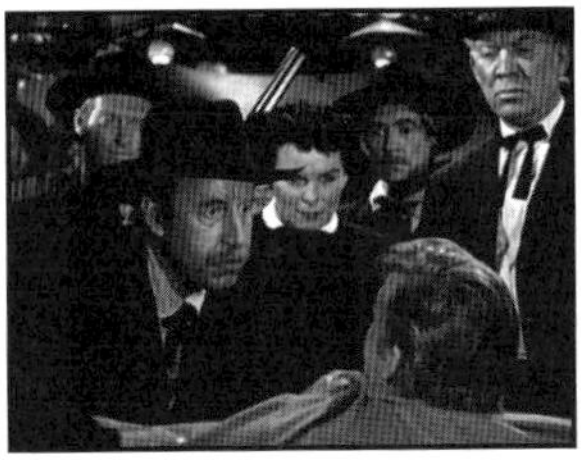
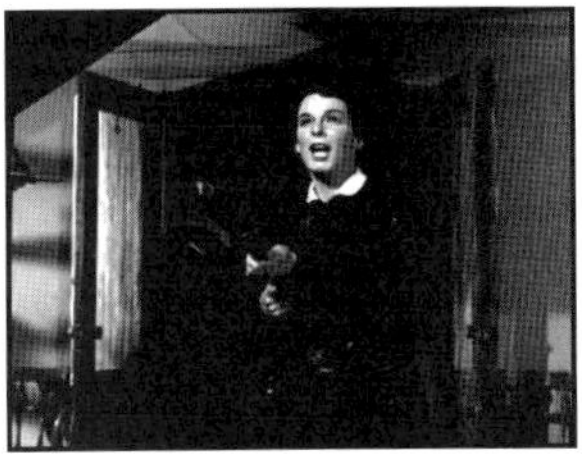

Plus tard dans le film. Vienna, de l'estrade, assiste à la honte : un jeune garçon poussé au mensonge par les lyncheurs emmenés par Ward Bond, un des acteurs les plus virulents dans la Chasse aux sorcières à Hollywood. Ray l'a souvent dit : « *Ceux de ma génération sont des délateurs* ».

À l'issue de la scène, Emma, restée seule, tire en hauteur vers le lustre du saloon. Extatique, elle rêve qu'elle tue l'altière Vienna. Mais elle ne sait pas encore que pour cela il lui faudra grimper, grimper le long d'une colline escarpée pour un duel au sommet, entre femmes, unique dans l'histoire du western.

Codes du genre

## Motifs et passages

Le western, genre codifié, a son bestiaire (chevaux, bisons), son catalogue (attaque de diligence, de train, de banque ; vengeance, rédemption, poursuite...), ses passages obligés : de la vie à la mort (le *gunfight*), de la main à la main (les armes), d'une vie passée à un nouveau départ (la traversée du fleuve), de la nature à l'homme (construction de l'Amérique) ou de l'homme à la nature (le cavalier solitaire). En voici quatre exemples, parmi les plus emblématiques.

**Traversée du fleuve** : pour le troupeau de bétail (ici dans *La Rivière rouge*, de Howard Hawks) ou pour le convoi de pionniers, la traversée du fleuve est l'épreuve aux accents bibliques par laquelle doivent en passer tous ceux qui veulent conquérir l'Ouest. C'est un moment de grande fragilité ouvert à tous les vents, tous les courants. Pour les pionniers, il faut choisir de se défaire des meubles qui alourdiraient trop le chariot bâché. C'est donc aussi une épreuve de purification, où l'on laisse sur l'autre rive les oripeaux des vies anciennes.

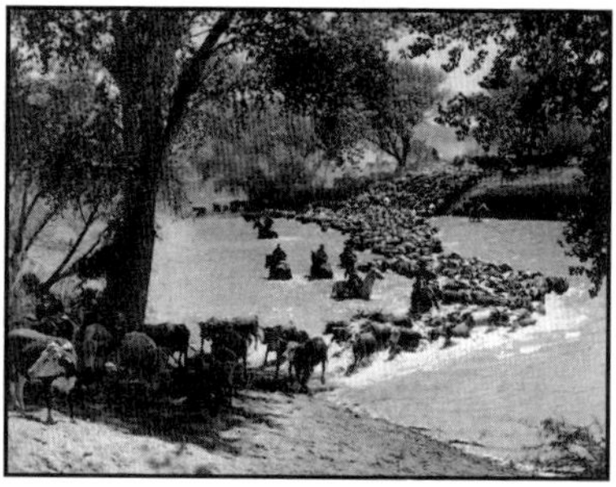

**Duel** : il est en général l'aboutissement vers lequel toutes les pistes narratives, morales, esthétiques du western, genre violent, convergent à un moment du film (ici, *Les Sept Mercenaires*, de John Sturges). La mise en scène de l'espace est capitale, il en va de la vie des hommes. Les corps obéissent à leur propre chorégraphie autant qu'à la scénographie du lieu. Une erreur de jugement, de mouvement (ce qui revient au même), et tout est fini : la *balle* est dans l'autre camp, pour toujours.

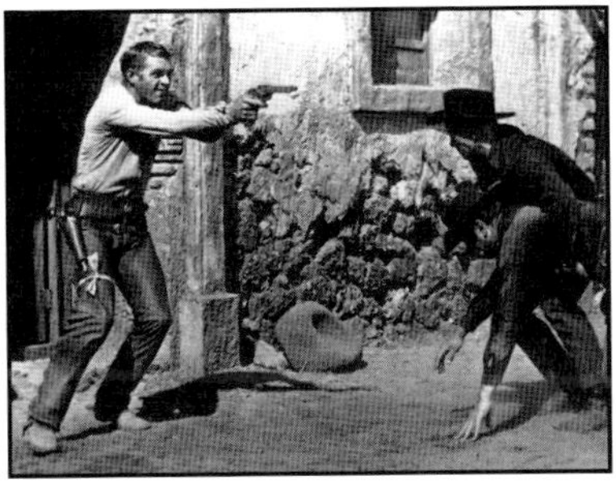

**Arme** : l'homme de l'Ouest ne se déplace pas sans elle. Les plus courantes sont le colt 45 à six coups, le *six-gun*, et la carabine à répétition, la célèbre Winchester (tous deux ici représentés dans *Winchester* 73, d'Anthony Mann). Prolongation métallique du corps du *westerner*, menace ou protection, l'arme est une redoutable machine à tuer, bien sûr, mais aussi à mesurer : la virtuosité comme la virilité.

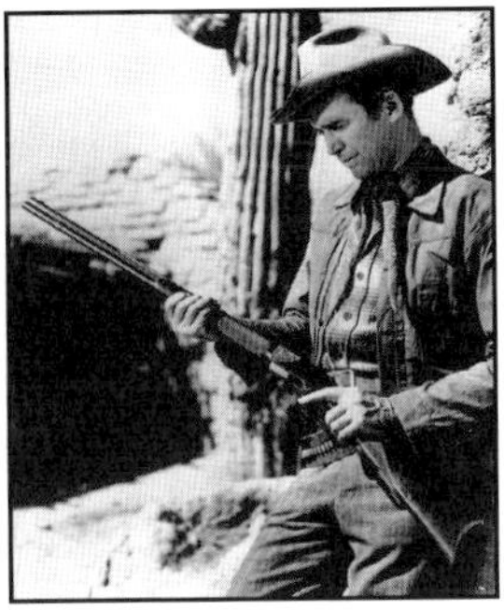

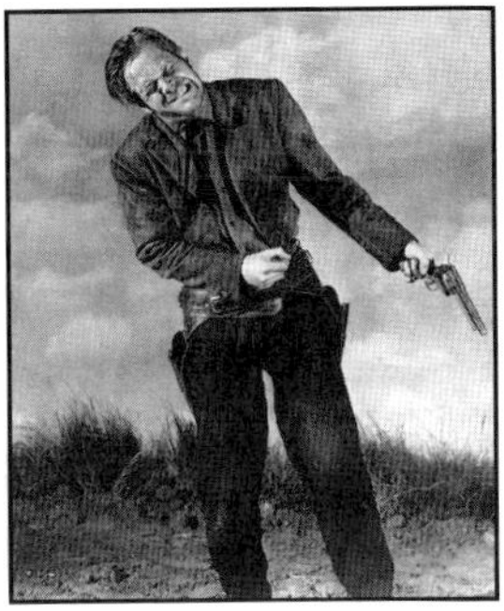

**Cavalier (de dos)** : c'est devenu l'icône la plus tenace du genre western, filmée en tant que telle ici par George Stevens au début de *L'Homme des vallées perdues*. Symbole de l'indépendance mais en solitaire, de l'individualisme mais en liberté. Le cavalier qui chevauche vers le couchant est probablement ce que l'Amérique regrette le plus de l'Ouest, le grand cliché (au sens photographique et symbolique) perdu.

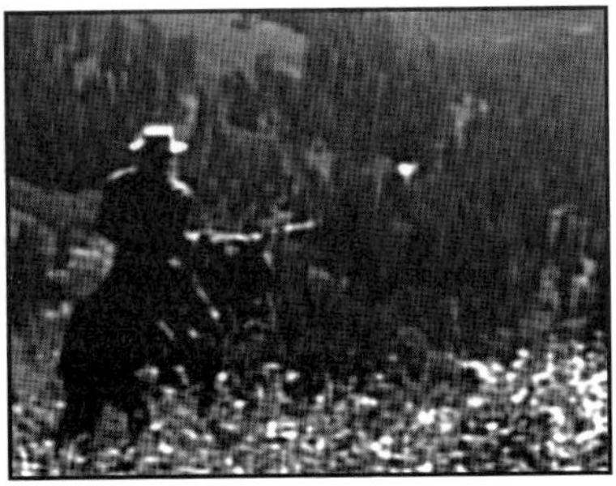

Poème

# Le western rêvé

Ariane Dreyfus a consacré un recueil de poèmes entier au western : *Une histoire passera ici*, publié en 1999 aux éditions Flammarion. Loin des discours critiques ou théoriques, il est passionnant de voir ce que donne le genre lorsqu'il devient un imaginaire vibrant, une puissance évocatrice, un puits de poésie. Ici, l'une des ouvertures de western les plus célèbres, celle de *La Prisonnière du désert*, de John Ford, se redéploie ; et nous reviennent les images autant que ce qui s'y cache.

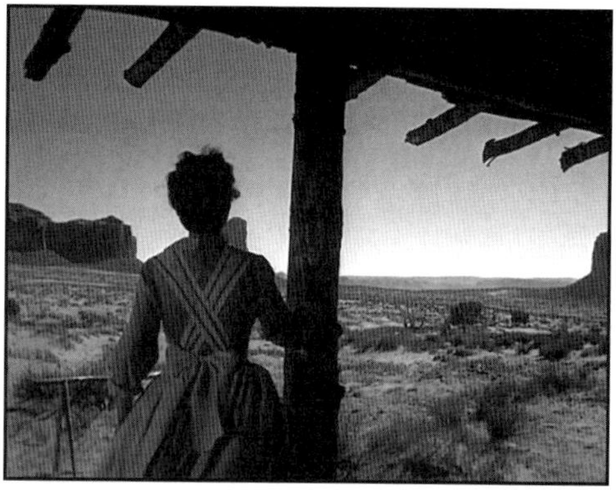

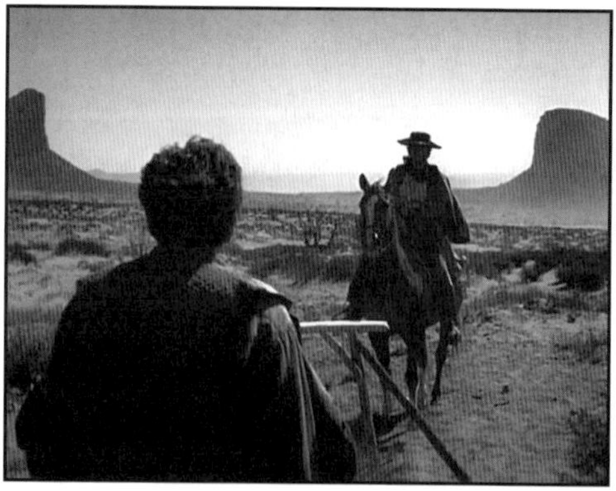

**La Prisonnière du désert**

Elle a ouvert la porte.

Il n'est pas mort,
Mais revenu.

Il revient. Faute de crier longtemps,
Elle se tait.
(Il traverse la cour, elle l'attendra toujours)

Le tablier flotte un peu
Pendant qu'elle s'essuie sans fin les mains
Dans la contemplation
Du soleil aujourd'hui

Il sort du paysage
Elle sort de la maison

Les trois enfants la suivent
À la limite de leur propre rêve

L'époux baisse son fusil puisque voici son frère
Qui rejoint le seuil, appuyé à la nuit.

La souffrance est là sans vieillir.

Martha recule pour que la maison soit profonde.
Le sol secret.

Sa joie à lui est de se courber pour entrer.

*

Martha serre le manteau contre elle. Il le remettra.

[...]

# Filmographie choisie (par ordre alphabétique)

| DATE | FILM/VO | RÉALISATEUR | INTERPRÈTES |
|---|---|---|---|
| 1951 | *À feu et à sang/The Cimarron Kid* | Budd Boetticher | Audie Murphy |
| 1951 | *Affameurs (Les)/Bend of the River* | Anthony Mann | James Stewart, Julia Adams, Arthur Kennedy |
| 1907 | A Girl from Montana | Gilbert M. Anderson | Gilbert M. Anderson |
| 1960 | *Alamo* | John Wayne | John Wayne, Laurence Harvey, Richard Widmark |
| 1955 | *À l'ombre des potences/Run For Cover* | Nicholas Ray | James Cagney, Viveca Lindfors |
| 1952 | *Ange des maudits (L')/Rancho Notorious* | Fritz Lang | Marlene Dietrich, Mel Ferrer, Arthur Kennedy |
| 1952 | *Appât (L')/The Naked Spur* | Anthony Mann | James Stewart, Janet Leigh, Robert Ryan |
| 1950 | *Au-delà du Missouri/Across the Wide Missouri* | William A. Wellman | Clark Gable, Ricardo Montalban, Maria Elena Marques |
| 1951 | *Aventures du capitaine Wyatt (Les)/ Distant Drums* | Raoul Walsh | Gary Cooper, Mari Aldon |
| 1959 | *Aventurier du Rio Grande (L')/The Wonderful Country* | Robert Parrish | Robert Mitchum, Julie London, Pedro Armendariz |
| 1958 | *Aventurier du Texas (L')/Buchanan Rides Alone* | Budd Boetticher | Randolph Scott, Craig Stevens |
| 1956 | Bandido/Bandido Caballero | Richard Fleischer | Robert Mitchum, Zachary Scott |
| 1954 | Bandit (Le)/The Naked Dawn | Edgar G. Ulmer | Arthur Kennedy, Betta St John |
| 1943 | Banni (Le)/The Outlaw | Howard Hughes | Jack Buetel, Jane Russel, Thomas Mitchell |
| 1950 | Baron of Arizona (The) | Samuel Fuller | Vincent Price, Ellen Drew |
| 1953 | Bataille sans merci/Gun Fury | Raoul Walsh | Rock Hudson, Donna Reed |
| 1914 | Battle at Elderbush Gulch (The) | D. W. Griffith | Mae Marsh |
| 1994 | Belles de l'Ouest/Bad Girls | Jonathan Kaplan | Andie McDowell, Drew Barrymore |
| 1930 | Billy the Kid | King Vidor | Johnny Mack Brown, Wallace Berry |
| 1958 | Blonde et le shérif (La)/The Sheriff of Fractured Jaw | Raoul Walsh | Kenneth More, Jayne Mansfield |
| 2004 | Blueberry | Jan Kounen | Vincent Cassel |
| 1966 | Bon, la brute et le truand (Le)/Il buono, il bruto, il cattivo | Sergio Leone | Clint Eastwood, Lee Van Cleef, Eli Wallach |
| 1959 | Bourreau du Nevada (Le)/The Hangman | Michael Curtiz | Robert Taylor, Tina Louise |
| 1958 | Bravados (Les)/The Bravados | Henry King | Gregory Peck, Joan Collins |
| 1953 | Brigade héroïque (La)/Saskatchewan | Raoul Walsh | Alan Ladd, Shelley Winters |
| 1939 | Brigand bien-aimé (Le)/Jesse James | Henry King | Tyrone Power, Henry Fonda, Randolph Scott |
| 1957 | Brigand bien-aimé (Le)/The true Story of Jesse James | Nicolas Ray | Robert Wagner, Jeffrey Hunter |
| 1914 | Broncho Billy's Double Escape | Gilbert M. Anderson | Gilbert M. Anderson |
| 1910 | Broncho Billy's Redemption | Gilbert M. Anderson | Gilbert M. Anderson |
| 1954 | Bronco Apache/Apache | Robert Aldrich | Burt Lancaster, Jean Peters |
| 1943 | Buffalo Bill | William Wellman | Joel McCrea, Maureen O'Hara, Thomas Mitchell |
| 1976 | Buffalo Bill et les Indiens/Buffalo Bill and the Indians | Robert Altman | Paul Newman, Burt Lancaster |
| 1969 | Butch Cassidy et le Kid/Butch Cassidy and the Sundance Kid | George Roy Hill | Paul Newman, Robert Redford, Katharine Ross |
| 1970 | Cable Hogue/The Ballad of Cable Hogue | Sam Peckinpah | Jason Robards, Stella Stevens |
| 1952 | Captive aux yeux clairs (La)/The Big Sky | Howard Hawks | Kirk Douglas, Dewey Martin, Elizabeth Treatt |
| 1940 | Caravane héroïque (La)/Virginia City | Michael Curtiz | Errol Flynn, Randolph Scott, Miriam Hopkins |
| 1923 | Caravane vers l'Ouest/The Covered Wagon | James Cruze | J. Warren Kerrigan, Lois Wilson, Ernest Torrence |
| 1951 | Carson City | André de Toth | Randolph Scott, Lucille Norman |
| 1951 | Cavalier de la mort (Le)/Man in the Saddle | André de Toth | Randolph Scott, Joan Leslie, Ellen Drew |
| 1940 | Cavalier du désert (Le)/The Westerner | William Wyler | Gary Cooper, Walter Brennan |
| 1959 | Cavaliers (Les)/The Horse Soldiers | John Ford | John Wayne, William Holden, Constance Towers |
| 1969 | Cent dollars pour un shérif/True Grit | Henry Hathaway | John Wayne, Glen Campbell, Kim Darby |
| 1964 | Charge de la huitième brigade (La)/A Distant Trumpet | Raoul Walsh | Troy Donahue, Diane McBain, S. Pleshette |
| 1955 | Charge des tuniques bleues (La)/The Last Frontier | Anthony Mann | Victor Mature, James Whitmore, Robert Preston |
| 1941 | Charge fantastique (La)/Thet Died with their Boots on | Raoul Walsh | Errol Flynn, O. De Havilland, Arthur Kennedy |

| | | | |
|---|---|---|---|
| 1949 | Charge héroïque (La)/She Wore a Yellow Ribbon | John Ford | John Wayne, Joanne Dru, Ben Johnson |
| 1924 | Cheval de fer (Le)/The Iron Horse | John Ford | George O'Brien, Madge Bellamy |
| 1959 | Chevauchée de la vengeance (La) /Ride Lonesome | Budd Boetticher | Randolph Scott, Karen Steele |
| 1959 | Chevauchée des bannis (La)/Day of the Outlaw | André de Toth | Robert Ryan, Burl Ives, Tina Louise |
| 1939 | Chevauchée fantastique (La)/Stagecoach | John Ford | John Wayne, Thomas Mitchell, Claire Trevor |
| 1947 | Cheyenne | Raoul Walsh | Dennis Morgan, Jane Wyman |
| 1964 | Cheyennes (Les)/Cheyenne Autumn | John Ford | Richard Widmark, Carroll Baker |
| 1950 | Cible humaine (La)/The Gunfighter | Henry King | Gregory Peck, Helen Westcott |
| 1948 | Ciel rouge/Blood on the Moon | Robert Wise | Robert Mitchum, Barbara Bel Geddes |
| 1930 | Cimarron | Wesley Ruggles | Irene Dunne, Richard Dix |
| 1959 | Colline des potences (La)/The Hanging Tree | Delmer Daves | Gary Cooper, Maria Schell, Karl Malden |
| 1961 | Comancheros (Les)/The Comancheros | Michael Curtiz | John Wayne, Stuart Whitman, Ina Balin |
| 1970 | Companeros ! / Vamos a matar, companeros ! | Sergio Corbucci | Thomas Milian, Franco Nero, Jack Palance |
| 1939 | Conquérants (Les)/Dogde City | Michael Curtiz | Errol Flynn, Olivia De Havilland |
| 1947 | Conquérants du Nouveau Monde (Les)/Unconquered | Cecil B. DeMille | Gary Cooper, Paulette Goddard |
| 1962 | Conquête de l'Ouest (La)/How the West Was Won | John Ford | James Stewart, Henry Fonda, John Wayne |
| 1951 | Convoi de femmes/Westward the Women | William A. Wellman | Robert Taylor, Denise Darcel |
| 1950 | Convoi des braves (Le)/Wagonmaster | John Ford | Ben Johnson, Joanne Dru |
| 1971 | Convoi sauvage/Man in the Wilderness | Richard Sarafian | Richard Harris, John Huston |
| 1962 | Coups de feu dans la Sierra/Ride the High country | Sam Peckinpah | Randolph Scott, Joel McCrea |
| 1955 | Coup de fouet en retour/Backlash | John Sturges | Richard Widmark, Donna Reed |
| 1958 | Courrier de l'Or (Le)/Westbound | Budd Boetticher | Randolph Scott, Virginia Mayo |
| 1957 | Cowboy | Delmer Daves | Glenn Ford, Jack Lemmon |
| 1990 | Danse avec les loups/Dance with Wolves | Kevin Costner | Kevin Costner, M. McDonnell, Graham Green |
| 1961 | Deadly Companions (The) | Sam Peckinpah | Maureen O'Hara, Brian Keith |
| 1961 | Désaxés (Les)/The Misfits | John Huston | Clark Gable, Marilyn Monroe, Montgomery Clift |
| 1920 | Dernier des Mohicans (Le)/The Last of the Mohicans | Maurice Tourneur | Albert Roscoe, Wallace Beery, Barbara Bedford |
| 1956 | Dernière caravane (La)/The Last Wagon | Delmer Daves | Richard Widmark |
| 1955 | Dernière chasse (La)/The Last Hunt | Richard Brooks | Robert Taylor, Stewart Granger, Debra Paget |
| 1967 | Dernier face à face (Le)/Faccia a faccia | Sergio Sollima | Gian Maria Volonté, Tomas Milian |
| 1959 | Dernier train de Gun Hill (Le)/The Last Train from Gun Hill | John Sturges | Kirk Douglas, Anthony Quinn, Carolyn Jones |
| 1951 | Désert de la peur (Le)/Along the Great Divide | Raoul Walsh | Kirk Douglas, Virginia Mayo, John Agar, Walter Brennan |
| 1961 | Deux cavaliers (Les)/Two Rode Together | John Ford | James Stewart, Richard Widmark, Shirley Jones |
| 1971 | Deux hommes dans l'Ouest/Wild Rovers | Blake Edwards | William Holden, Ryan O'Neal |
| 1960 | Diablesse en collant rose (La)/Heller in Pink Tights | George Cukor | Anthony Quinn, Sophia Loren |
| 2004 | Disparues (Les)/The Missing | Ron Howard | Tommy Lee Jones, Cate Blanchett |
| 1946 | Duel au soleil/Duel in the Sun | King Vidor | Gregory Peck, Jennifer Jones, Joseph Cotten |
| 1957 | Du sang dans le désert/The Tin Star | Anthony Mann | Henry Fonda, Anthony Perkins, Betsy Palmer |
| 1966 | El Dorado | Howard Hawks | John Wayne, Robert Mitchum, Charlene Holt |
| 1961 | El Perdido/The Last Sunset | Robert Aldrich | Rock Hudson, Kirk Douglas, Dorothy Malone |
| 1942 | Étrange incident (L')/The Ox-bow Incident | William A. Wellman | Henry Fonda, Dana Andrews |
| 1939 | Femme ou démon/Destry Rides Again | George Marshall | James Stewart, Marlene Dietrich |
| 1949 | Fille du désert (La)/Colorado Territory | Raoul Walsh | Joel McCrea, Virginia Mayo, Dorothy Malone |
| 1948 | Fils du désert (Le)/Three Godfathers | John Ford | John Wayne, Pedro Armendariz, Harry Carey |
| 1950 | Flèche brisée (La)/Broken Arrow | Delmer Daves | James Stewart, Jeff Chandler, Debra Paget |
| 1953 | Fort Bravo/Escape from Fort Bravo | John Sturges | William Holden, Eleanor Parker |

| | | | |
|---|---|---|---|
| 1939 | *Frontier Marshal* | Allan Dwan | Randolph Scott, Cesar Romero, Nancy Kelly |
| 1972 | *Fureur apache/Ulzana's Raid* | Robert Aldrich | Burt Lancaster, Bruce Davison |
| 1950 | *Furies (Les)/The Furies* | Anthony Mann | Barbara Stanwyck, Wendell Corey, Walter Huston |
| 1958 | *Gaucher (Le)/The Left Handed Gun* | Arthur Penn | Paul Newman, John Dehner, Lita Milan |
| 1994 | *Geronimo* | Walter Hill | Jason Patric, Robert Duvall |
| 1940 | *Grand passage (Le)/Northwest Passage* | King Vidor | Spencer Tracy, Walter Brennan, Robert Young |
| 1960 | *Grand Sam (Le)/North to Alaska* | Henry Hathaway | John Wayne, Stewart Granger |
| 1968 | *Grand silence (Le)/Il grande silenzio* | Sergio Corbucci | Jean-Louis Trintignant, Klaus Kinski |
| 1958 | *Grands espaces (Les)/The Big Country* | William Wyler | Gregory Peck, Charlton Heston, Jean Simmons |
| 1926 | *Great K and A Train Robbery (The)* | Lewis Seiler | Tom Mix, Dorothy Dwan |
| 1916 | *Hell's Hinges* | Charles Swickard | William S. Hart, Clara Williams |
| 1965 | *Hombre* | Martin Ritt | Paul Newman, Fredric March, Richard Boone |
| 1958 | *Homme aux colts d'or (L')/Warlock* | Edward Dmytryk | Henry Fonda, Richard Widmark, Dorothy Malone |
| 1954 | *Homme de la plaine (L')/The Man from Laramie* | Anthony Mann | James Stewart, Arthur Kennedy |
| 1956 | *Homme de l'Arizona (L')/The Tall T* | Budd Boetticher | Randolph Scott, Richard Boone, Maureen O'Sullivan |
| 1958 | *Homme de l'ouest (L')/Man of the West* | Anthony Mann | Gary Cooper, Lee J. Cobb, Julie London |
| 1956 | *Homme de nulle part (L')/Jubal* | Delmer Daves | Glenn Ford, Valerie French |
| 1972 | *Homme des hautes plaines (L')/High Plains Drifter* | Clint Eastwood | Clint Eastwood, Verna Bloom |
| 1952 | *Homme des vallées perdues (L')/Shane* | George Stevens | Alan Ladd, Jean Arthur, Van Heflin |
| 1957 | *Homme du Kentucky (L')/The Kentuckian* | Burt Lancaster | Burt Lancaster, Dianne Foster |
| 1954 | *Homme qui n'a pas d'étoile (L')/The Man Without a Star* | King Vidor | Kirk Douglas, Jeanne Crain, Claire Trevor |
| 1962 | *Homme qui tua Liberty Valance (L')/The Man Who Shot Liberty Valance* | John Ford | James Stewart, John Wayne, Vera Miles |
| 1953 | *Hondo, l'homme du désert/Hondo* | John Farrow | John Wayne, Geraldine Page |
| 1969 | *Horde sauvage (La)/The Wild Bunch* | Sam Peckinpah | William Holden Ernest Borgnine Robert Ryan |
| 1968 | *Il était une fois dans l'Ouest/C'era una volta il west* | Sergio Leone | Henry Fonda, Claudia Cardinale, Charles Bronson |
| 1992 | *Impitoyable/Unforgiven* | Clint Eastwood | Clint Eastwood, Gene Hackman |
| 1958 | *Implacables (Les)/Tall Men* | Raoul Walsh | Clark Gable, Jane Russell, Robert Ryan |
| 1952 | *Indomptables (Les)/The Lusty Men* | Nicholas Ray | Susan Hayward, Robert Mitchum, Arthur Kennedy |
| 1929 | *In Old Arizona* | Raoul Walsh | Warner Baxter, Edmund Lowe, Dorothy Burgess |
| 1948 | *J'ai tué Jesse James/I Shot Jesse James* | Samuel Fuller | Preston Foster, Barbara Britton, John Ireland |
| 1954 | *Jardin du Diable/The Garden of Evil* | Henry Hathaway | Gary Cooper, Richard Widmark, Susan Hayward |
| 1972 | *Jeremiah Johnson* | Sydney Pollack | Robert Redford |
| 1954 | *Je suis un aventurier/The Far Country* | Anthony Mann | James Stewart, Ruth Roman, Walter Brennan |
| 1971 | *John MacCabe/MacCabe and Mrs Miller* | Robert Altman | Warren Beatty, Julie Christie |
| 1954 | *Johnny Guitare/Johnny Guitar* | Nicholas Ray | Sterling Hayden, Joan Crawford, Mercedes McCambridge |
| 1976 | *Josey Wales le hors-la-loi/The Outlaw Josey Wales* | Clint Eastwood | Clint Eastwood, Chief Dan George, Sandra Locke |
| 1972 | *Juge et hors-la-loi/The life and Times of Judge Roy Bean* | John Huston | Paul Newman, Jacqueline Bisset |
| 1957 | *Jugement des flèches (Le)/Run of the arrow* | Samuel Fuller | Rod Steiger, Sarita Montiel |
| 1954 | *Lance brisée (La)/Broken Lance* | Edward Dmytryk | Spencer Tracy, Robert Wagner, Jean Peters |
| 1936 | *Laurel et Hardy au Far West / Way Out West* | James W. Horne | Stan Laurel, Oliver Hardy |
| 1957 | *Libre comme le vent/Saddle the Wind* | Robert Parrish | Robert Taylor, Julie London, John Cassavetes |
| 1970 | *Little Big Man* | Arthur Penn | Dustin Hoffman, Faye Dunaway, Chief Dan George |
| 1964 | *Major Dundee* | Sam Peckinpah | Charlton Heston, Richard Harris |
| 1919 | *Marked Men* | John Ford | Harry Carrey, Winifered Westover |
| 1948 | *Massacre de Fort Apache (Le)/Fort Apache* | John Ford | Henry Fonda, John Wayne, Shirley Temple |
| 1994 | *Maverick* | Richard Donner | Mel Gibson, Jodie Foster |

| | | | |
|---|---|---|---|
| 1940 | Melody Ranch | Joseph Stanley | Gene Autry, Jimmy Durante, Ann Miller |
| 1952 | Mission du commandant Lex(La)/ Springfield Rifle | André de Toth | Gary Cooper, Phyllis Thaxter |
| 1976 | Missouri Breaks (The) | Arthur Penn | Marlon Brando, Jack Nicholson |
| 1973 | Mon nom est Personne/Il mio nome è Nessuno | Tonino Valerii | Henry Fonda, Terence Hill |
| 1995 | Mort ou vif/The Quick and the Dead | Sam Raimi | Leonardo di Caprio, Sharon Stone, Gene Hackman |
| 1966 | Neveda Smith | Henry Hathaway | Steeve McQueen, Karl Malden |
| 2003 | Open Range | Kevin Coster | Kevin Costner, Robert Duval, Anette Bening |
| 1956 | Or et l'amour (L')/Great Day in the Morning | Jacques Tourneur | Robert Stack, Virginie Mayo |
| 1958 | Or du hollandais (L')/The Badlanders | Delmer Daves | Alan Ladd, Ernest Borgnine, Katy Jurado |
| 1966 | Ouragan de la vengeance (L')/Ride in the Whirlwind | Monte Hellman | Jack Nicholson, Cameron Mitchell, Millie Perkins |
| 1964 | Outrage (L')/The Outrage | Martin Ritt | Paul Newman, Laurence Harvey, Claire Bloom |
| 1939 | Pacific Express/Union Pacific | Cecile B. DeMille | Barbara Stanwyck, Joel McCrea, Robert Preston |
| 1985 | Pale Rider | Clint Eastwood | Clint Eastwood, Michael Moriarty, Carrie Snodgrass |
| 1946 | Passage du canyon (Le)/Canyon Passage | Jacques Tourneur | Dana Andrews, Brian Donlevy, Susan Hayward |
| 1914 | Passing of Two-Gun Hicks (The) | William S. Hart | William S. Hart, Leona Hutton |
| 1973 | Pat Garrett and Billy the Kid | Sam Peckinpah | James Coburn, Kris Kristofferson, Bob Dylan |
| 1968 | Pendez-les haut et court/Hang'Em High | Ted Post | Clint Eastwood, Inger Stevens |
| 1941 | Pionniers de la Western Union (Les)/Western Union | Fritz Lang | Robert Young, Randolph Scott |
| 1940 | Piste de Santa Fe (La)/Santa Fe Trail | Michael Curtiz | Errol Flynn, Raymond Massey, Olivia De Havilland |
| 1930 | Piste des géants (La)/The Big Trail | Raoul Walsh | John Wayne, Marguerite Churchill |
| 1962 | Plus sauvage d'entre nous (Le)/Hud | Martin Ritt | Paul Newman, Melvyn Douglas, Patricia Neal |
| 1950 | Porte du Diable (La)/Devil's Doorway | Anthony Mann | Robert Taylor, Paula Raymond, Louis Calhern |
| 1980 | Porte du paradis (La)/Heaven's Gate | Michael Cimino | Kris Kristofferson, Christopher Walken, John Hurt |
| 1965 | Pour quelques dollars de plus/Per qualche dollaro in piu | Sergio Leone | Clint Eastwood, Lee Van Cleef, Gian Maria Volonté |
| 1964 | Pour une poignée de dollars/Per un pugno di dollari | Sergio Leone | Clint Eastwood, Gian Maria Volonté, Marianne Koch |
| 1946 | Poursuite infernale (La)/My Darling Clementine | John Ford | Henry Fonda, Linda Darnell, Victor Mature |
| 1959 | Prisonnière des Comanches/Comanche Station | Budd Boetticher | Randolph Scott, Nancy Gates, Claude Akins |
| 1956 | Prisonnière du désert (La)/The Searchers | John Ford | John Wayne, Vera Miles, Jeffrey Hunter |
| 1966 | Professionnels (Les)/The Professionals | Richard Brooks | Burt Lancaster, Lee Marvin, Claudia Cardinale |
| 1957 | Quarante tueurs/Forty guns | Samuel Fuller | Barbara Stanwyck, Barry Sullivan |
| 1954 | Quatre étranges cavaliers/Silver Lode | Allan Dawan | John Payne, Dan Duryea |
| 1969 | Qui tire le premier/A Time for Dying | Budd Boetticher | Richard Lapp, Anne Randall, Bob Random |
| 1925 | Race qui meurt (La)/The Vanishing American | George B. Seitz | Richard Dix, Lois Wilson, Noah Beery |
| 1910 | Ramona | D. W. Griffith | Mary Pickford, Henry B. Walthall |
| 1928 | Ramona | Edwin Carewe | Dolores Del Rio, Warner Baxter |
| 1917 | Ranch Diavolo (Le)/Straight Shooting | John Ford | Harry Carey, Molly Malone |
| 1954 | Reine de la prairie (La)/Cattle Queen of Montana | Allan Dwan | Barbara Stanwyck, Ronald Reagan |
| 1956 | Réglements de comptes à OK Corral/Gunfight at the Ok Corral | John Sturges | Burt Lancaster, Kirk Douglas, Rhonda Fleming |
| 1970 | Reptile (Le)/There was a Crooked Man | Joseph L. Mankiewicz | Kirk Douglas, Henry Fonda |
| 1940 | Retour de Frank James (Le)/The Return of Frank James | Fritz Lang | Henry Fonda, Gene Tierney |
| 1958 | Rio Bravo | Howards Hawks | John Wayne, Dean Martin, Angie Dickinson |
| 1950 | Rio Grande | John Ford | John Wayne, Maureen O'Hara, Ben Johnson |
| 1970 | Rio Lobo | Howard Hawks | John Wayne, Jorge Rivero, Jennifer O'Neill |
| 1948 | Rivière d'argent (La)/Silver River | Raoul Walsh | Errol Flynn, Ann Sheridan, Thomas Mitchell |
| 1955 | Rivière de nos amours (La)/The Indian Fighter | André de Toth | Kirk Douglas, Elsa Martinelli |
| 1947 | Rivière rouge (La)/Red River | Howard Hawks | John Wayne, Montgomery Clift, Joanne Dru |

| | | | |
|---|---|---|---|
| 1954 | Rivière sans retour (La)/River of No Return | Otto Preminger | Robert Mitchum, Marilyn Monroe, Rory Calhoun |
| 1960 | Rôdeurs de la plaine (Les)/Flaming star | Don Siegel | Elvis Presley, Barbara Eden |
| 1960 | Ruée vers l'Ouest (La)/Cimarron | Anthony Mann | Glenn Ford, Maria Schell |
| 1956 | Sept hommes à abattre/Seven Men from Now | Budd Boetticher | Randolph Scott, Gail Russell, Lee Marvin |
| 1960 | Sept mercenaires (Les)/The Magnificent Seven | John Sturges | Yul Brynner, Eli Wallach, Steve McQueen |
| 1960 | Sergent noir (Le)/Sergeant Rutledge | John Ford | Woody Strode, Jeffrey Hunter, Constance Towers |
| 1962 | Seuls sont les indomptés/Lonely Are the Brave | David Miller | Kirk Douglas, Gena Rowlands, Walter Matthau |
| 1966 | Shooting (The) | Monte Hellman | Jack Nicholson, Warren Oates, Millie Perkins |
| 1969 | Sierra torride/Two Mules for Sister Sara | Don Siegel | Shirley MacLaine, Clint Eastwood |
| 1985 | Silverado | Lawrence Kasdan | Kevin Kline, Brian Dennehy |
| 1970 | Soldat bleu (Le)/Soldier Blue | Ralph Nelson | Candice Bergen, Peter Strauss |
| 1954 | Souffle de le violence (Le)/The Violent Men | Rudolph Mate | Glenn Ford, Edward G. Robinson, Barbara Stanwyck |
| 1939 | Sur la piste des Mohawks/Drums Along the Mohawks | John Ford | Claudette Colbert, Henry Fonda, John Carradine |
| 1953 | Taza, fils de Cochise/Taza, Son of Cochise | Douglas Sirk | Rock Hudson, Barbara Rush |
| 1939 | Terreur à l'Ouest/The Oklahoma Kid | Lloyd Bacon | James Cagney, Humphrey Bogart, Rosemary Lane |
| 1994 | Tombstone | George P. Cosmatos | Kurt Russell, Val Kilmer |
| 1954 | Track of the cat | William A. Wellman | Robert Mitchum, Tab Hunter, Beulah Bondi |
| 1952 | Train sifflera trois fois (Le)/High Noon | Fred Zinnemann | Gary Cooper, Grace Kelly, Katy Jurado |
| 1952 | Traître du Texas (Le)/Horizons West | Budd Boetticher | Rock Hudson, Robert Ryan, Julia Adams |
| 1958 | Trésor du pendu (Le)/The law and Jake Wade | John Sturges | Robert Taylor, Richard Widmark, Patricia Owens |
| 1957 | Trois heures dix pour Yuma/3 : 10 to Yuma | Delmer Daves | Glenn Ford, Van Heflin, Felicia Farr |
| 1926 | Trois sublimes canailles/Three Bad Men | John Ford | George O'Brien, Olive Borden |
| 1925 | Tumbleweeds | King Baggot | William S. Hart, Barbara Bedfort |
| 1935 | Tumbling Tumbleweeds | Joseph Kane | Gene Autry, Smiley Burnette |
| 1971 | Une aventures de Billy le Kid | Luc Moullet | Jean-Pierre Léaud |
| 1936 | Une aventure de Buffalo Bill/The Plainsman | Cecil B. DeMille | Gary Cooper, Jean Arthur |
| 1958 | Une balle signée X/No Name on the Bullet | Jack Arnold | Audie Murphy, Joan Evans |
| 1954 | Un homme est passé/Bad Day at Black Rock | John Sturges | Spencer Tracy, Robert Ryan |
| 1970 | Un homme nommé Cheval/A Man Called Horse | Elliot Silverstein | Richard Harris, Judith Anderson |
| 1955 | Un jeu risqué/Wichita | Jacques Tourneur | Joel McCrea, Lloyd Bridges |
| 1956 | Un roi et quatre reines/The King and Four Queens | Raoul Walsh | Clark Gable, Jo Van Fleet, Eleanor Parker, Jean Wiles |
| 1947 | Vallée de la peur (La)/Pursued | Raoul Walsh | Robert Mitchum, Teresa Wright |
| 1960 | Vengeance aux deux visages (La)/One-Eyed Jacks | Marlon Brando | Marlon Brando, Karl Malden, Pina Pellicer |
| 1957 | Vengeur agit au crépuscule (Le)/Decision at sundown | Budd Boetticher | Randolph Scott, John Carroll, Karen Steele |
| 1928 | Vent (Le)/The Wind | Victor Sjöström | Lillian Gish, Lars Hanson |
| 1959 | Vent de la plaine (Le)/The Unforgiven | John Huston | Burt Lancaster, Audrey Hepburn, Audie Murphy |
| 1953 | Vera Cruz | Robert Aldrich | Gary Cooper, Burt Lancaster, Sarita Montiel |
| 1952 | Victime du destin/The Lawless Breed | Raoul Walsh | Rock Hudson, Julia Adams |
| 1948 | Ville abandonnée (La)/Yellowsky | William Wellman | Gregory Peck, Richard Widmark, Anne Baxter |
| 1914 | Virginian (The) | Cecil B. DeMille | Dustin Farnum |
| 1929 | Virginian (The) | Victor Fleming | Gary Cooper, Walter Huston, Richard Arlen |
| 1903 | Vol du rapide (Le)/The Great Train Robbery | Edwin S. Porter | Gilbert M. Anderson, Georges Barnes |
| 1969 | Willie Boy/Tell Them Willie Boy is Here | Abraham Polonsky | Robert Redford, Robert Blake, Katharine Ross |
| 1950 | Winchester 73 | Anthony Mann | James Stewart, Dan Duryea |
| 1929 | Wolf Song | Victor Fleming | Gary Cooper, Lupe Velez |
| 1994 | Wyatt Earp | Lawrence Kasdan | Kevin Costner, Dennis Quaid, Gene Hackman |
| 1989 | Young Guns | Christopher Cain | Emilio Estevez, Lou Diamond Phillips |

# Bibliographie


**Ouvrages généraux**

André Bazin, *Qu'est-ce que le cinéma ?*, Éditions du Cerf (collection « 7e Art »), Paris, 1985.

Jacques Lourcelles, *Dictionnaire du cinéma*, Robert Laffont (« Bouquins »), Paris, 1992.

**Sur le mythe de l'Ouest**

Philippe Jacquin et Daniel Royot (ouvrage collectif sous la direction de), *Le Mythe de l'Ouest, l'Ouest américain et les « valeurs » de la Frontière*, Autrement, Paris, 1993.

**Sur les origines du genre**

Jean-Louis Leutrat, *Le Western, Archéologie d'un genre*, Presses Universitaires de Lyon, 1987.

**Sur le western muet**

Jean-Louis Leutrat, *L'Alliance brisée*, Presses Universitaires de Lyon/Institut Lumière, Lyon, 1985.

**Sur le western**

Raymond Bellour (ouvrage collectif sous la direction de), *Le Western, Sources, Thèmes, Mythologies, Acteurs, Auteurs, Filmographies*, Gallimard (« Tel »), Paris, 1993.

Patrick Brion, *Le Western, Classiques, chefs-d'œuvre et découvertes*, Éditions de la Martinière, Paris, 1992.

Jean-Louis Leutrat et Suzanne Liandrat-Guigues, *Les Cartes de l'Ouest*, Armand Colin, Paris, 1990.

Ed Buscombe, *The BFI Companion to the Western*, A. Deutsch/BFI, Londres, 1988.

George N. Fenin et William K. Everson, *The Western, from silents to seventies*, Grossman, New York, 1973.

Jean-Louis Rieupeyrout, *La Grande Aventure du Western 1854-1864*, Ramsay, Paris, 1987.
Jean-Louis Rieupeyrout et André Bazin, *Le Western ou le cinéma américain par excellence*, Éditions du Cerf (« 7e Art »), Paris, 1953.
Bill Wright, *Sixguns and Society : A Structural Study of the Western*, University of California Press, 1977.
Gérard Henriet et Jacques Mauduit, *Géographies du western*, Nathan Université, Paris, 1989.

**Sur les cinéastes**

Jean-Claude Missiaen, *Anthony Mann*, Éditions Universitaires (« Classiques du cinéma »), Paris, 1964.
Jean-Luc Godard, « Super Mann », *in Cahiers du cinéma*, n° 92, février 1959.
Bernard Benoliel, *L'Homme de la plaine*, Cahiers du cinéma/SCEREN-CNDP (« Les petits Cahiers »), Paris, 2004.
Tag Gallagher, *John Ford, The Man and his Films*, University of California Press, Los Angeles et Berkeley, 1988.
Linsay Anderson, *John Ford*, Cinq Continents/Hatier, Rennes, 1985.
Collectif (sous la direction de Bernard Benoliel et Jean-François Rauger), *Delmer Daves, La morale des pionniers*, Festival international du film d'Amiens/Cinémathèque française/Vol de Nuit, Amiens, 1999.
Todd McCarthy, *Hawks*, Solin Institut Lumière/Actes Sud, 1999.

**Livres d'entretiens avec les grands cinéastes hollywoodiens**

Bertrand Tavernier, *Amis américains*, Institut Lumière/Actes Sud, Lyon, 1993.
Peter Bogdanovich, *Who the Devil Made it*, Ballantine Books, New York, 1998.

# Table

**Remerciements particuliers à :**
Jean-Claude Brisseau, Jean-Louis Leutrat, Claudine Paquot, Marion Chevallier, Olivier Joyard, Patrice Blouin, Michelle-Irène et Jacques Brudny, Marcel Staroswiecki.

**Crédits photographiques :**
- © Alain Sarde : p. 26.
- © Argosy Pictures : p. 34, 35, 37, 75, 60.
- © Audie Murphy : p. 40 (bas).
- © Charles Fedman : p. 6.
- © Columbia : p. 24.
- © Harry Brown/R. Scott : p. 39, 40 (haut).
- © Howard Hawks : p. 21, 44, 71, 76, 77, 78, 79, 84.
- © Hubert J. Yates : p. 73.
- © Lancaster Productions : p. 19 (haut).
- © MGM : p. 23, 43.
- © M. Hellman : p. 48.
- Pandora Film : p. 50.
- © Paramount : p. 57.
- © Phil Feldman : p. 49.
- © Republic Pictures Corporation : p. 82-83.
- © Richard E. Lyons : p. 62.
- © Robert Buckner : p. 61.
- © TCF : p. 26 (haut), 80-81.
- © Thomas Edison Co : p. 28.
- © United Artists : p. 20, 54, 59.
- © Universal : p. 25, 85 (milieu).
- © USA/Mirisch : p. 85 (haut).
- © Warner Bros : p. 5, 17, 18, 33, 52, 63, 64, 66, 86.
- © William Fox : p. 29.
- © 20th Century Fox : p. 42.

**Sources :**
- Collection Cahiers du Cinéma : couverture, p. 5, 6, 17, 18, 19, 21, 23, 24, 25, 26 (bas), 28, 29, 33, 39, 40, 42, 44, 48, 49, 50, 51, 52, 57, 60, 61, 62, 63, 64, 66, 71, 73, 76, 77, 78-79.
- BiFi : p. 30, 72.

*Dans la même collection :*

*LE PLAN, Emmanuel Siéty*
*LE POINT DE VUE, Joël Magny*
*LE MONTAGE, Vincent Pinel*
*LA COMÉDIE MUSICALE, Michel Chion*
*L'ÉVANGILE SELON SAINT MATTHIEU, Stéphane Bouquet*
*LE DIALOGUE, Claire Vassé*
*LE DOCUMENTAIRE, Jean Breschand*
*LE RÉCIT AU CINÉMA, Marie-Anne Guérin*
*LE CINÉMA AFRICAIN, Élisabeth Lequeret*
*JACQUES TATI, Stéphane Goudet*
*JEAN VIGO, Luce Vigo*
*LA MUSIQUE DE FILM, Gilles Mouëllic*
*LE CINÉMA D'ANIMATION, Bernard Génin*
*CHRIS MARKER, Bamchade Pourvali*
*LA LUMIÈRE EN CINÉMA, Jacques Loiseaux*
*ABBAS KIAROSTAMI, Alain Bergala*
*VOCABULAIRES DU CINÉMA, Joël Magny*
*L'HOMME DE LA PLAINE, Bernard Benoliel*
*LES EFFETS SPÉCIAUX, Réjane Hamus-Vallée*

Conception graphique : studio Nathalie Baylaucq, réalisation : Marion Chevallier
Photogravure : Fotimprim, Paris
Impression : Milanostrampa - A.G.G., Farigliano – Italie

ISBN : 2-86642-397-6
ISBN CNDP : 2-240-01625-6
Réf. SCÉRÉN-CNDP : 755D0091
Printed in Italy